修之以永　丰之以艺

——中华传统六艺创新性转化之理论与实践研究

陆鸿平　著

首都师范大学出版社

CAPITAL NORMAL UNIVERSITY PRESS

图书在版编目（CIP）数据

修之以永　丰之以艺：中华传统六艺创新性转化之理论与实践研究 / 陆鸿平著. — 北京：首都师范大学出版社，2023.6〔2024.5重印〕

ISBN 978-7-5656-7322-1

Ⅰ. ①修… Ⅱ. ①陆… Ⅲ. ①小学教育—教育研究 Ⅳ. ①G622.0

中国国家版本馆 CIP 数据核字（2023）第 018963 号

XIUZHI YIYONG FENGZHI YIYI

修之以永　丰之以艺

——中华传统六艺创新性转化之理论与实践研究

陆鸿平　著

责任编辑	周晓蓉

首都师范大学出版社出版发行

地　　址	北京西三环北路105号
邮　　编	100048
电　　话	68418523（总编室）　68982468（发行部）
网　　址	http://cnupn.cnu.edu.cn
印　　刷	河北鑫彩博图印刷有限公司
经　　销	全国新华书店
版　　次	2023 年 6 月第 1 版
印　　次	2024 年 5 月第 2 次印刷
开　　本	710mm × 1000mm　1/16
印　　张	15
字　　数	474 千
定　　价	52.80 元

版权所有　违者必究
如有质量问题　请与出版社联系退换

序

结识陆鸿平校长是在北京市教委"寻找美丽乡村校长"的启动仪式上，更进一步了解陆校长和她的学校则是在海淀区新优质学校创建的过程中，让我对这所美丽的乡村小学及美丽乡村校长陆鸿平有了进一步的了解。因为了解所以喜欢，因为喜欢所以更加赏识。应陆校长之邀为本书作序。初读书稿直接映入脑海的就是：儿童为本，守正出新，让学校充满教育意蕴！

意蕴，是指事物的内容或含义。新时代学校教育的意蕴，是学校干部教师对于"培养什么人、为谁培养人、怎样培养人"及"谁来培养人"的系统理解与自觉行动，以及由此投射出一所学校为促进学生成长不懈努力的教育追求。而一个被称作学校的地方，是润泽儿童生命成长"灵性"的独特天地，是教育者致力于促进学生全面而有个性发展的实践沃土，也必然拥有着基于自身办学历程的教育坚守和持续创新。永丰中心小学正是在校长陆鸿平的带领下，通过凝聚"以儿童发展为本"的教育理念，锻造"以育人为己任"的教师团队，构建适应儿童个性成长的课程体系，让来自五湖四海的孩子们享受学校生活中的"自然教育"，并"全情成长、自然绽放"，也让学校获得了越来越多学生、家长及社会的认可，逐步成为一所充满教育激情与活力、继承与创新、热爱与坚守的新优质学校。

通读全书，可以领略到一所学校在教育理论与实践的自觉探索，始终坚持从"植根传统文化，薪火相传""赓续文明精神，立德树人"的目标定位中凸显学校的办学特色和文化传承；从"探索创新，建构育人体系""养正毓德，培养时代新人"的务实行动中促进学生的全面健康成长。通读全书，可以了解到中国古代传统六艺教育的历史传承和创新发展，真实感受新时期"六艺传承与创新性转化"在小学教育中的实践路径与实施方法。

以持续实践研究激发学校发展的内生动力。《修之以永　丰之以艺——中华传统六艺创新性转化之理论与实践研究》一书，正是陆校长带领团队以海淀区"十二五"教育科学规划课题"中华传统六艺创新性转化在学校课程建设中融合的实践研究"为基础，又在海淀区"十三五"教育科学规划课题校长委托课题"中华优秀传统文化在小学教育活动中的实践研究"中进行了延伸与发展，其终极目标是在学校教育中发挥中华优秀传统文化和社会主义先进文化正面的、积极的作用，引导学生树立正确的世界观、人生观和价值观，增强"四个自信"，努力成为德、智、体、美、劳全面发展的社会主义建设者和接班人。本研究成果获得了海淀区"十三五"优秀科研成果一等奖。

以课程教学改革丰富学生的学习生活。学校注重传统文化的发展与传承，开设以"礼乐射御书数"为课程指导的"六艺"拓展课程，巩固加深了学生对中华优秀传统文化的理解。"四敬"课堂教学改革和实践基地体验让课程学习内化为学生的现实成长。其中："四敬"课堂是适用于学校德、智、体、美、劳各个方面的全方位课堂教学模式。在课堂教学中，教师引导学生通过"敬人、敬己、敬物、敬业"的总体设计与具体学科教学有机结合，通过渗透与训练、多元评价等带动学生学习。以评价为导向助推学生在课堂上经历自主—合作—探究—分享的学习过程，课堂教学从重"教师的教"向重"学生的学"转化，让五育融合的教育教学在潜移默化中发生。

以教师团队建设夯实学校教育第一资源。习近平总书记在2022年4月25日考察中国人民大学时强调"好的学校特色各不相同，但有一个共同特点，都有一支优秀教师队伍。对教师来说，想把学生培养成什么样的人，自己首先就应该成为什么样的人"。教师的理想信念、道德情操、扎实学识以及仁爱之心直接影响着学生未来发展的高度和深度，教师更是践行学校办学理念的基础力量。构建教师学习共同体，促进教师专业成长，始终是学校优质建设实践的关键力量。永丰中心小学的教师队伍中，高级教师占20%以上，市区级骨干教师和学科带头人近30%。学校以研究促学习，以活动助成长，以课题显特色，让教师团队通过多样化的专业生活不断凝心聚力，成为充满活力的教师学习共同体。

以校长作为学校示范引领的第一责任人。陆鸿平校长作为持守海淀山后农村教育三十五载的教育工作者，从教师到主任到校长，以教科研为依托，从学校文化入手，着力实施"自然教育"，锐意改革创新，实现了学校的高品质发展。学校先后获得了全国青少年校园足球特色实验学校、北京市文明校园、北京市少先队星星火炬大队、海淀区课题研究先进学校、海淀区全国学生体质健康监测十佳学校、海淀区新优质学校、全国中小学生绘画书法作品比赛组织工作先进集体奖等荣誉称号。

  以协同共情凝聚教育合力。学校引导教师从学校与教师、教师与教师、教师与学生、教师与自我等密不可分的关联中深入理解"家校同根",借助校内外力量共同坚守立德树人的"根"、彼此的"根",办老百姓满意的家门口的好学校。陆校长在提及自身成长时曾说:我用三十五年的心血打造的专著都写在了农村教育的沃土上,写在了校园里,写在了孩子们的成长中,变成了他们追求梦想的坚强臂膀。我会继续持守,和这块土地一起变得更美丽。这可谓是学校教师队伍的一个典型代表。强烈的教育情感和家校社教育协同,是焕发教师队伍履行职责、投身教育事业的内在力量。

  "教育学是迷恋他人成长的学问"。陆鸿平校长带领的教师团队正是以自己坚持不懈的教育实践,诠释着他们将教育作为事业的奉献,将教育作为科学的求真,将教育作为艺术的创新。未来已来,未来可期,相信永丰中心小学的干部、教师以及一起阅读本书的朋友们,都会不忘教育初心,坚持为党育人、为国育才;也一定会继续努力,让学校充盈着培养有理想、有本领、有担当的时代新人的教育意蕴。

王海燕
首都师范大学
2022 年 9 月 1 日

目录 Contents

上篇　修之以永
——永丰中心小学新六艺特色课程开展的理论研究

第一章　植根传统文化，薪火相传 ·· 2

　第一节　传承与发展优秀传统文化的时代背景 ························ 2
　第二节　优秀传统文化对小学生教育的价值及影响 ··················· 9

第二章　赓续文明精神，立德树人 ·· 15

　第一节　博文约礼，弘毅致远 ·· 15
　第二节　乐由心生，继往开来 ·· 20
　第三节　君子善射，源远流长 ·· 25
　第四节　御心而行，顶天立地 ·· 29
　第五节　书为心画，博大精深 ·· 33
　第六节　"数"有专攻，赋能未来 ··· 40

第三章　探索创新，建构育人体系 ·· 47

　第一节　新六艺课程体系建设 ·· 48
　第二节　学校文化环境规划与设计 ·· 56

下篇　丰之以艺
——永丰中心小学新六艺特色课程开展的实践探索

专题一　立于礼 ·· 66

  聚焦四敬课堂，传承礼仪文化

    ——一年级艺术课《手工剪纸》教学案例 ····························· 66

  聚焦四敬课堂，传承礼仪文化

    ——三年级阅读课《尊重是一种美德》教学案例 ····················· 70

  心中有礼，外化成仪

    ——二年级校本课程《小餐桌，大礼仪》教学案例 ··················· 74

  开笔启礼，礼润人生

    ——永丰中心小学"开笔启蒙，笃行致远"开笔礼活动 ············· 79

  走进四敬课堂，见证大国风范

    ——四年级校本课程《丝绸之路》教学案例 ··························· 85

专题二　精于乐 ·· 91

  领略音乐之境，享受律动之美

    ——五年级艺术课程《春晓》教学案例 ································ 91

  走进民族音乐，守护精神家园

    ——六年级艺术课程《茉莉花》教学案例 ····························· 94

  童声献礼二十大，强国有我新征程

    ——永丰中心小学"2022年国庆节合唱比赛"活动案例 ·········· 98

  歌咏好榜样，唱响中国梦

    ——三年级艺术课程《学习雷锋好榜样》教学案例 ················ 103

专题三　通于射 ··· 108

  传承射艺精神，发扬体育运动

    ——永丰中心小学"趣味运动会"活动案例 ························· 108

  传统武术进校园，传承文化强体魄

    ——五年级校本课程《五步拳》教学案例 ···························· 111

传承射艺精神，发扬体育运动
　　——六年级校本课程《空竹》教学案例…………………………… 116
传承射艺精神，发扬体育运动
　　——四年级校本课程《足球运球、颠球技术》教学案例………… 120
传承射艺精神，发扬体育运动
　　——永丰中心小学体育月"射礼"活动案例…………………… 125

专题四　勇于御 …………………………………………………… 129

立足人际交往，学习自我管理
　　——二年级班会课《让我们做朋友》教学案例………………… 129
掌握沟通技巧，建立良好人际关系
　　——四年级心理健康课《我想对你说》教学案例……………… 134
学会倾听，做自己的管理者
　　——二年级班会课《叫醒小耳朵，收获会更多》教学案例…… 139
品时间之重，学管理之法
　　——二年级班会课《有效的时间管理》教学案例……………… 145
承担责任，履行义务
　　——四年级班会课《取"责任"之真经》教学案例…………… 150
自己的事情自己做
　　——二年级劳动课《物品整理我能行》教学案例……………… 156

专题五　博于书 …………………………………………………… 162

书香伴成长，阅读越精彩
　　——六年级名著阅读交流课《海底两万里》教学案例………… 162
写好中国字，做好中国人
　　——二年级校本课程《卧钩与"心"字》教学案例…………… 168
赏诗书画印，品中国故事
　　——六年级校本课程《冬奥设计里的中国之美》教学案例…… 172
书香校园，童阅中国
　　——永丰中心小学"读享万花筒"阅读嘉年华活动案例……… 179
续读名家诗词，铭记中华精髓
　　——永丰中心小学"校园中华诗词大会"活动案例…………… 185

专题六　明于数 ··· 191

一方水土，养一方人

　　——五年级校本课程《家乡的特产》教学案例················· 192

探索数理的奥秘，感受数字的魅力

　　——六年级校本课程《游戏中的数学思维》教学案例········· 196

动手动脑，感受创客魅力

　　——六年级校本课程《发报机》教学案例······················· 202

动手动脑，感受创客魅力

　　——五年级校本课程《有趣的溶解现象》教学案例············ 209

古今运河美名扬，智慧千里贯南北

　　——六年级校本课程《京杭大运河》教学案例·················· 214

参考文献 ··· 223

后　　记 ··· 227

上篇　修之以永

——永丰中心小学新六艺特色课程开展的理论研究

第一章 植根传统文化，薪火相传

中华民族有着五千多年的文明史，创造了独树一帜的灿烂文化，为人类文明进步做出了不可磨灭的贡献。"优秀传统文化是一个国家、一个民族传承和发展的根本，如果丢掉了，就割断了精神命脉。"中华优秀传统文化是中华民族的文化根脉。从古至今，中华优秀传统文化始终是中华民族独特的精神标识，为中华民族生生不息、发展壮大提供了丰厚的滋养。长期以来，中华优秀传统文化维护着国家的团结统一，维系着中华民族的和合友爱，激励着一代代中华儿女为祖国发展而奋斗，对中国社会的全面繁荣发展发挥了十分重要的作用。因此，中华优秀传统文化是中华民族的突出优势，是我们最深厚的文化软实力，是我们在世界文化激荡中站稳脚跟的根基。植根传统文化，薪火相传，青少年学生是中华民族、中华文化伟大复兴的担当者。新时代，要教育青少年正确应对各种文化认同与挑战。增强对中华优秀传统文化的认同，增强对国家和民族的认同，学校是主要的教育阵地。

第一节 传承与发展优秀传统文化的时代背景

优秀传统文化是指中华传统文化中历经沧桑而积淀下来的精华部分，是中华民族五千多年文明智慧的结晶，它具有超越时代局限、反映中华文明永恒价值的特征，与社会历史发展方向相一致，与民族共同体的利益和福祉相契合，与马克思主义中国化发展进程中一系列重大成果的基本精神相呼应。习近平总书记2016年5月17日在哲学社会科学工作座谈会上指出："使中华民族最基本的文化基因与当代文化相适应、与现代社会相协调，把跨越时空、超越国界、富有永恒魅力、具有当代价值的文化精神弘扬起来"。传承与发展优秀传统文化，坚持古为今用、推陈出新。我们可从以下三个方面来认识传承与发展优秀传统文化的时代背景：立足民族复兴，认真提炼中华优秀传统文化的思想内核，深入探究蕴含的特殊精神基因、深沉精神追求、独特精神标识；聚集社会发展，深入阐发历史底蕴和时代价值，激活优秀传统文化的生命力和创造力，让传统文化馥郁芬芳；基于教育改革，创新发展优秀传统文化思想中的大智、科学中的大真、伦理中的大善、艺术中的大美，传承经典立德树人。

一、立足民族复兴，文化传承凝心聚力

"一个国家、一个民族的强盛，总是以文化兴盛为支撑的，中华民族伟大复兴需要以中华文化发展繁荣为条件。""培育和弘扬社会主义核心价值观必须立足于中华优秀传统文化。"可见，中华民族伟大复兴首先是文化复兴。党的十九大报告指出："文化是一个国家、一个民族的灵魂。文化兴国运兴，文化强民族强。没有高度的文化自信，没有文化的繁荣发展，就没有中华民族的伟大复兴。"如在新民主主义革命时期，我们宣传"天下兴亡，匹夫有责"的传统文化，带领全国百姓保家卫国；在社会主义建设和改革开放时期，我们发扬了传统文化中"和为贵""和而不同"的发展理念，并创造了一个又一个奇迹；随着经济的发展，与外来文化的交流日益频繁，"崇洋媚外""数典忘祖"开始在社会上屡见不鲜，在庆祝中国共产党成立95周年之际，习近平总书记指出文化自信，是更基础、更广泛、更深厚的自信。在五千多年文明发展中孕育的中华优秀传统文化，在党和人民伟大斗争中孕育的革命文化和社会主义先进文化，积淀着中华民族最深层的精神追求，代表着中华民族独特的精神标识。可以毫不夸张地说，在中华民族艰难而又辉煌的发展历程中，优秀传统文化薪火相传，历久弥新，始终为国人提供精神支撑和心灵慰藉。

中华文化源远流长，灿烂辉煌，它既是历史的，也是当代的；既是民族的，也是世界的。"有朋自远方来，不亦乐乎"，将文化遗产作为文明传播交流的"天然使者"。截至2022年，我国已与149个共建"一带一路"国家中的142个国家，签署了文化和旅游领域的协定或谅解备忘录，在各方的共同努力下，文旅领域"一带一路"国际合作不断增强，逐步从谋篇布局的"大写意"转化为精谨细腻的"工笔画"。"志和者，不以山海为远"，而今文化和旅游已经成为不同国家、不同文化交流互鉴的重要渠道，成为丝绸之路沿线城市发展经济、塑造城市品牌的有效手段。继博鳌亚洲论坛之后，在北京开幕的亚洲文明对话大会，成功举办了"大美亚细亚——亚洲文明展"，以"多元文明并置，古今文明相通"为主线，采取"传统展示＋媒体技术"相结合的方式，展示亚洲历史悠久、文化融合、多元共生的文明特征，反映地缘相近、民心相通、和平相处的亚洲文化，展览期间，来自49个国家的400多件文化瑰宝荟萃一堂，呈现了亚洲和人类文化遗产的独特魅力，促进了文明互学互鉴、共同发展。"国之交在于民相亲，民相亲在于心相通。"习近平总书记指出，文明因多样而交流，因交流而互鉴，因互鉴而发展。在世界百年未有之大变局中，我们越接近实现中华民族伟大复兴的目标，越走近世界舞台中央，就越需要树立和践行平等、互鉴、对话、包容的文明观，以文明交流超越文明隔阂，以文明互鉴超越文明冲突，以文明共存超越文明优越，夯实构建人类命运共同体的人文基础。要抓住世界各国日益关注中国发展、希望了解中华文化的历史性机遇，把优秀传统文化中具有当代价值、世界意义的文化精髓提炼出来，把继承优秀传统文化又弘扬时代精神、立足本国又面向世界的当代中国文化创新成果传播出去，展示中华文化蕴含的坚守和平、发展、公平、正义、民主、自由的全人类共同价值，提高国家文化软实力、中华文化影响力。要以理服人、以文服人、以德服人，深入开展中外文明对话，深化对外文化交流，以文载道、以文传声、以文化人，更好地推动中华文化走出去，向世界阐释推介更多具有中国特色、体现中国精神、蕴藏中国智慧的优秀文化；既开放自信也谦逊谦和，努力塑造更加可信、可爱、可敬的中国形象。

　　讲好中国故事，传播好中国声音。"一带一路"、奥运会、APEC会议、尼山世界文明论坛等各种形式的文化交流、文明互鉴，不仅推动了中华文明与世界各国文明的美美与共、和合共生，也极大地提高了中国在国际事务中的话语权，让世界更了解中国，让人民更信任中国。在建设中国特色社会主义的新时期，我们要自觉以习近平新时代中国特色社会主义思想为指导，科学对待民族传统文化，坚持有鉴别的对待、有扬弃的继承，古为今用、推陈出新，不断以坚定的文化自信坚定全党全社会的道路自信、理论自信、制度自信。学校，作为育人的主要阵地，更需坚持一脉相承的精神追求、精神特质、精神脉络，培育和践行社会主义核心价值观，拉紧维系民族的精神纽带，夯实国家共同的思想道德基础。要守正创新、固本培元，推进中华优秀传统文化与当代文化相融通，用刚健厚重、先进质朴的社会主义先进文化滋养学生的民族气质、引导学生的价值观，不断汇聚实现中华民族伟大复兴的精神力量、新生力量。

二、聚焦社会发展，传统文化馥郁芬芳

有着五千多年文明史的中华优秀传统文化，积淀着中华民族最深沉的精神追求，代表着中华民族独特的精神标识，是中华民族生生不息、发展壮大的丰厚滋养，是中国特色社会主义植根的文化沃土，是当代中国发展的突出优势，是我们在世界文化激荡中站稳脚跟的根基。党的十八大以来，习近平总书记运用历史唯物主义的立场观点，围绕继承和弘扬中华优秀传统文化发表了一系列重要的论述，深刻回答了为什么要继承和弘扬中华优秀传统文化、继承和弘扬什么、怎样继承和弘扬等重大问题，为新时代新征程继承和弘扬中华优秀传统文化提供了科学指导和基本遵循。2020年9月22日，习近平总书记在教育卫生体育领域专家代表座谈会上强调，"要坚定文化自信，推动中华优秀传统文化创造性转化、创新性发展，继承革命文化，发展社会主义先进文化，不断铸就中华文化新辉煌，建设社会主义文化强国"。2017年，中办、国办出台《关于实施中华优秀传统文化传承发展工程的意见》，中华优秀传统文化传承发展掀起热潮。2018年，中国国家博物馆与意大利21家博物馆及国内17家博物馆合作，联合举办了"无问西东——从丝绸之路到文艺复兴"展览，以跨文化的视角和全新的理念，系统介绍了13至16世纪中国与意大利之间悠久绵延的文化艺术交流故事，充分展示了多元文化融合共生、共同创造人类文明的历史进程。2021年，中宣部印发《中华优秀传统文化传承发展工程"十四五"重点项目规划》，部署当前传承发展工作。随着中华优秀传统文化传承发展的不断深入，"传统节日热""文物热""非遗热""博物馆热"纷纷兴起，传承弘扬中华优秀传统文化的社会氛围日渐浓厚。

挖掘背后故事，展现文化遗产的魅力。浙江卫视节目《万里走单骑》与遗产地的保护者、研究者、居住者、见证者、体验者一起，在互动体验中，带领观众一起开启探索之旅，了解遗产地背后的故事，品味中华优秀文化的甘甜与富饶。央视节目《典籍里的中国》以戏剧化的结构和影视化的表达对文化典籍进行了可视化、故事化和直观化的艺术转码，让人们在通俗易懂的可视化语言中识读中华民族的古籍经典，触摸中华文化的历史脉搏，感受中国人民深入骨髓的家国情怀与责任担当。植根于端午，实现传统文化新表达，河南电视台的群舞《飞龙在天》，以雄壮的鼓乐为主要音乐元素，配合13名青春活力的男子舞者的优美舞步，踏着悠扬雄壮的鼓乐，在水世界、黄河

滩、七彩丹霞、外星谷、巴尔斯圣山的壮丽山川衬托下，舞动着矫健且应景的身姿演绎出"潜龙""见龙""飞龙"的震撼舞蹈；在翩翩起舞中，为观众带来了一场关于端午的视听盛宴，将端午祭祀场景，男子阳刚、矫健的身姿气魄展现得淋漓尽致。五千年中华文明是文艺创作的沃土，经济科技的发展为其传承与发展提供了先进的技术手段，中国人有能力讲好自己的历史文化，中国人在用不同的方式展示着自身民族的文化自信。

  北京师范大学文学院教授康震说，让传统文化活起来，要发掘其中所蕴藏的价值观、理念、思想，将之提炼出来"为我所用"，更要切切实实地让中华优秀传统文化真正融入人们的日常生活。近年来，中华优秀传统文化日益融入时代、走进生活，不断赋彩经济社会发展，持续增进人民的家国情怀。如中华老字号荣宝斋利用MR、VR等领先科技技术，将交互科技和多维感知融入旅游和文化教育中，突出古都北京的文化和历史特色。通过专家讲解、多媒体课件、情景模拟、音视频资料、材料包、成果展示等多种线上教学方式，以及线下"交互式数字展览+游戏化参观体验+场景化学习参与"的沉浸式互动体验和传统手工艺工作坊，有机结合打造中轴线文化新名片，让参与者对优秀传统文化、非遗传统技艺深入学习，树立文化自信。山东省枣庄市峄城区深入挖掘非物质文化遗产，建立鲁笔非遗传承基地，大力发展毛笔文化创意产业和文化旅游产业，定期组织书画展和学术交流活动，开展书法笔会、画家采风、楹联大赛、书画展、书法大赛、开笔礼、亲子游研学、非遗展示等一系列文化旅游活动，为书法爱好者搭建展示成果、学习交流的平台，让游客体验、感受和认知非遗文化魅力，实现旅游产业和毛笔文化的巧妙融合。贯穿生产生活，让传统文化活起来，延续文化基因，萃取思想精华，展现精神魅力，人们在不断地创造性转化、创新性发展中，进一步彰显着中华文化的魅力。

  教育在传承弘扬中华优秀传统文化中具有基础性、先导性作用，学校是主阵地，青少年是主要群体。"故今日之责任，不在他人，而全在我少年。少年智则国智，少年富则国富……"青少年阶段是人生的"拔节孕穗期"，最需要精心引导和栽培。传承弘扬中华优秀传统文化，要全面融入国民教育，构建中华文化课程和教材体系。如山东省将中华优秀传统文化纳入中小学地方课程，推动高校以必修、选修等方式开设优秀传统文化教育通识课程，编写推广使用《中国传统文化读本》，在小学、初中、普通高中和大学四个学段，全面开设优秀传统文化教育课程。目前，全国高校已建设100多个中华优秀传统文化传承基地，全国中小学建设近3000所中华优秀传统文化艺术传承学校，推动着中华优秀传统文化教育融入学校教育全过程各方面。在浙江湖州南浔区双林镇绫绢传承馆，通过开展非遗文化研学活动，让国家级非遗项目"双林绫绢织造技艺"走进学校，使这项千年传统工艺焕发光彩。北京市灯市口小学的京剧教育，不仅传承中华优秀文化，更彰显时代精神，增强文化自信、责任担当，让学生们在学习京剧文化、学唱京剧选段、了解京剧名家、观看京剧演出等系列综合实践活动中，陶冶情操，感受国粹的魅力。

三、基于教育改革，传承经典立德树人

文化是民族的血脉，是人民的精神家园。2014年4月，教育部印发《关于全面深化课程改革 落实立德树人根本任务的意见》要求：在培养学生高尚的道德情操、扎实的科学文化素质、健康的身心、良好的审美情趣的同时，要使学生具有中华文化底蕴、中国特色社会主义共同理想和国际视野，力求使立德树人的方向性、民族性和时代性更加鲜明。2017年初，中共中央、国务院印发的《关于实施中华优秀传统文化传承发展工程的意见》，明确延续民族文化血脉的重任要落到每个教育者、每个孩子的肩头。党的十八大以来，全国教育系统为将社会主义核心价值观贯彻到依法治教、依规治校的实践当中，修订了《中小学生守则》，制定了《中等职业学校学生公约》《教师行为规范》《中小学教师违反职业道德行为处理办法》等，推进大学章程建设，强化规章制度实施力度，在学校日常管理中彰显、渗透社会主义核心价值观。

党的十九大报告进一步强调"要全面贯彻党的教育方针，落实立德树人根本任务"。要实现"两个一百年"奋斗目标、实现中华民族伟大复兴的中国梦，必须通过教育立德树人，培养大量社会主义建设者和接班人。正因如此，习近平总书记要求"要把立德树人的成效作为检验学校一切工作的根本标准"，强调立德树人要在六个方面下功夫：要在坚定理想信念上下功夫，增强学生"四个自信"，引导学生立志为共产主义的远大理想和中国特色社会主义共同理想奋斗。要在厚植爱国主义情怀上下功夫，以爱国主义为精神底色，教育引导学生爱国爱党，立志听党话、跟党走，立志扎根人民、奉献国家。要在加强品德修养上下功夫，教育引导学生以社会主义核心价值观为情感认同和行为习惯，学会做人，做有大爱大德大情怀的时代新人。要在增

长知识见识上下功夫，让学生求真学问，练真本领，沿着求真理、悟道理、明事理的方向前进。要在培养奋斗精神上下功夫，历练学生的担当、奋斗精神，培育学生志存高远境界和自强不息人生态度。要在增强综合素质上下功夫，培养学生的综合能力和创新思维。

2019年中共中央、国务院印发的《关于深化教育教学改革全面提高义务教育质量的意见》提出："完善德育工作体系，认真制定德育工作实施方案，深化课程育人、文化育人、活动育人、实践育人、管理育人、协同育人。大力开展理想信念、社会主义核心价值观、中华优秀传统文化、生态文明和心理健康教育。"推动中华优秀传统文化在中小学扎根，课程建设与教材设计是非常重要的一环。2021年1月，教育部印发的《中华优秀传统文化进中小学课程教材指南》对中华优秀传统文化进中小学课程教材"进什么、进多少、如何进"的问题进行了顶层设计。2022年《义务教育课程方案》明确了"义务教育要在坚定理想信念，厚植爱国主义情怀、加强品德修养、增长知识见识、培养奋斗精神、增强综合素质上下功夫，使学生有理想、有本领、有担当，培养德智体美劳全面发展的社会主义建设者和接班人"的培养目标。而这一目标的实现，则需要学校在进一步加强三级课程管理与研究的基础上，提高学校课程教学的整体质量，确保开齐开足国家课程，遴选地方课程，开发适宜的校本课程，适当增加课程选择性，努力提高教学质量，促进学生的全面发展。

百年大计，教育为本。只有坚定不移地执行国家的教育方针，落实教育改革，才能将社会主义核心价值观融入教育全过程，深入开展理想信念教育、爱国主义教育、中华优秀传统文化教育和革命传统教育，引导和帮助学生把握好人生方向，扣好人生的第一粒扣子。只有坚持素质教育，才能引导和培养学生的创新精神，提升学生的综合素质；只有树立健康第一的思想，不断增强学生的体质，才能培养学生积极向上的健康心态，健全人格、锤炼意志；只有坚持以美育人、以文化人，才能不断提高学生审美和人文素养；只有加强劳动教育，引导学生崇尚劳动、尊重劳动，才能使学生懂得劳动最光荣、劳动最崇高、劳动最伟大、劳动最美丽的道理。只有坚持立德树人，不断培养德智体美劳全面发展的社会主义建设者和接班人，才能让党和国家事业兴旺发达、后继有人，才能推进伟大事业、实现伟大梦想。

第二节　优秀传统文化对小学生教育的价值及影响

马克思说："民族是人们在历史上形成的一个有共同语言、共同地域、共同经济生活以及表现于共同文化上的共同心理素质的稳定的共同体。"中国人民对于"中华民族"在长期发展过程中所形成的共同意识、核心价值观，需要优秀传统文化的共同维系。因此，传承与发展中华优秀传统文化是建设社会主义文化强国的重大战略任务，对于延续中华文脉、全面提升人民群众文化素养、维护国家文化安全、增强国家文化软实力、推进国家治理体系和治理能力现代化，都具有重要意义。中华优秀传统文化是中国特色社会主义植根的文化沃土，只有坚守中华文化立场，坚持创造性转化、创新性发展，以文化人、以文育人，才能让传统文化充分发挥其在教育领域的价值与影响，引领一代代中国人传承中华美德，培养民族精神，并通过文化传承丰富少年儿童的知识体系，坚定其文化自信，完善人格修养，提高少年儿童的整体素质。

一、传承中华美德，培养民族精神

中华优秀传统文化蕴含着丰富的道德理念和民族精神，如"富贵不能淫，贫贱不能移，威武不能屈"的英雄气节，"苟利国家生死以，岂因祸福避趋之"的爱国情怀，"以公灭私""天下为公"的尚公精神，"先天下之忧而忧，后天下之乐而乐"的担当意识，"穷则变，变则通，通则久"的创新意识，"见贤思齐焉，见不贤而内自省也"的社会风尚，"人固有一死，或重于泰山，或轻于鸿毛，用之所趋异也"的荣辱观念，"业精于勤而荒于嬉，行成于思而毁于随"的勤奋态度，"路漫漫其修远兮，吾将上下而求索"的自强精神……在漫漫的历史长河中，仁人志士层出不穷，民族精神熠熠生辉，中华美德世代传承。

胡锦涛同志在美国耶鲁大学演讲时说："一个民族的文化，凝聚着这个民族对世界和生命的历史认知和现实感受，积淀着这个民族最深层的精神追求和行为准则。"在对世界历史上各个文明古国进行比较之后，德国哲学家黑格尔说："只有黄河、长江流过的那个中华是世界上唯一持久的国家。"数千年来，伟大的中华民族，生生不息，薪火相传，从五千年前的中华祖先到 21 世纪的中国公民，他们有着共同的文化语言、共同的精神追求。"喜看三春花千树，笑饮丰年酒一杯""万家灯火同秋月，大地光明不夜天"，在隆重盛大、阖家团圆的春节，人们会通过除旧布新、张灯结彩，表达对新生活的无限祝福与向往；"清明时节雨纷纷，路上行人欲断魂""梨花风起正清明，游子寻春半出城"，在烟雨迷蒙、万象更新的清明时节，人们会通过踏青扫墓，怀念先人，寄托对生命的敬畏，对往昔的尊重；而在重阳节，人们又会登高怀远、赏菊辞青，表达敬老尊长、热爱生活、追求健康、珍惜生命的积极意识，"待到重阳日，还来就菊花"。习俗代代传承，文化逐渐发扬光大，文明熠熠生辉。在这些丰富多彩的传统节日中，不仅凝聚着人们与自然和谐相处的生活方式，还蕴藏着中国人看待世界的智慧，以及那世代相传的伟大的民族精神。因此，在我们感叹中华文化底蕴丰厚、中华文化一脉相承的同时，还可以引导学生过好中国的每一个传统节日，开展庆春节、元宵节、清明节、端午节、中秋节、重阳节等传统节日探究实践活动，以文艺表演、主题队会、社会实践、家校互动等通俗易懂、喜闻乐见的组织形式，传承孝敬父母、尊师敬长、团结友爱、立志勤学、自强不息、谦虚礼貌、诚实守信、严己宽人、人贵有耻、见义勇为、整洁健身、求索攻坚、勤劳节俭、见利思义、敬业尽责的中华美德，培养学生以爱国主义为核心的团结统一、和谐守礼、爱好和平、勤劳勇敢、自强不息的伟大民族精神。

二、完善人格修养，提高整体素质

中华民族和中国人民在修齐治平、尊时守位、知常达变、开物成务、建功立业过程中培育和形成的基本思想理念，如"大道之行，天下为公"的社会理想，"天下兴亡，匹夫有责"的爱国理念，"以和为贵，和而不同"的处世哲学，"革故鼎新，与时俱进"的改革精神，"己所不欲，勿施于人"的道德规范，"廉者，政之本也"的廉政思想，"天行健，君子以自强不息"的奋进精神，"言必信，行必果"的行为作风，"正心诚意，弘毅笃行"的人格修养，"为中华之崛起而读书"的伟大抱负，"君子立本，本立而道生"的行事态度，"德不孤，必有邻""仁者爱人""与人为善""己所不欲，勿施于人""出入相友，守望相助""老吾老以及人之老，幼吾幼以及人之幼""扶贫济困""不患寡而患不均""乐以天下，忧以天下"的社会关爱思想等，对于学生完善人格修养，提高整体素质，具有十分积极的意义。

　　青少年学生是中华民族、中华文化伟大复兴的担当者。根据《中共中央办公厅、国务院办公厅关于实施中华优秀传统文化传承发展工程的意见》《国家教育事业发展"十四五"规划纲要》等相关政策要求，学校应重视以中华民族丰富的文化资源为课程依托，培养学生良好的人文素养，提高学生的综合素质，促进学生的全面发展。如河南省鹤壁市鹤山区中新小学，这是一所位于城乡接合部的半寄宿制学校，留守儿童较多。如何使山区矿区的贫困留守儿童也能享受到均衡优质的教育，成为中新教育人的共识。一方面依据国家的教育政策和学校发展的实际，在树立"立德树人，幸福教育"办学理念的基础上，确立了"居中守正，恒远常新"的中新精神。遵循"人人成人、人人成才、人人精彩、人人幸福"的育人宗旨，激励教师有"绽放精彩，创造幸福"的人生追求，鼓励学生有"做最好的自己、当幸福的学生"的成长目标。另一方面，该校立足优秀传统文化，结合社会主义核心价值观、中国学生发展核心素养等时代教育智慧，开展了"新八德、新六艺"的特色教育，积极追寻幸福教育的本真，致力于将学校建设成教师幸福工作的乐园、学生幸福成长的沃土。"八德"本是中华传统文化表彰的八种德行，中新小学赋予其时代的意义，设计出"尊长、友爱、善学、省身、立志、担当、爱国、守法"新八德教育。通过组建研发团队，进行礼仪教育、美德班长自治管理、开发"新八德"德育校本课程和评价体系、自编中华美德操和足球韵律操、独具特色的国学课五行教育法、整齐划一的放学路队、规范有序的餐厅寝室管理、温馨典雅的校园文化等一系列传统文化进校园的探索和尝试，形成了"新八德"德育教育体系，探索出"新八德"教学模式"八德四步"教学法，总结出"新八德"教育之八礼行为，构建"新八德"评价体系。孩子们在日常管理中潜移默化地接受传统文化的熏陶，在日常学习生活中将良好的品质内化于心，外化于行，知行合一，成为知书达礼、全面发展的儒雅少年。"六艺"，原指"礼乐射御书数"，学校以传统的"六艺"为依托，以发展学生综合素质、彰显个性为目标，充分整合校内资源，围绕经典诵读、民族精神、民族技艺三条主线，开发"乐、棋、书、画、诵、技"的"新六艺"课程体系。既继承传统，又融合新元素；既强调全面发展，又突出学生个性。做到以艺促礼，以艺促智，致力于培养学生成为全面发展的实用人才。立德是根本，传承是基础，创新是生命，育人是目的。在优秀传统文化的传承与发展中，学校通过"六艺"的创造性转化与创新性发展,将看似高而远的传统精神细化到具体可操作的日常行为,润物细无声地去熏陶引导,以培养学生的完整的人格素养,提高学生的综合素质。

知为行之始,行为知之成。相关研究也证明语文教学在弘扬优秀传统文化方面具有得天独厚的优势。在中国传统文化里,历来有"文史哲不分家"的说法。虽然"文史哲"有很多交叉,但总体而言,"文"属于结果层面的文化;"史"属于行为层面的文化;"哲"属于精神层面的文化,"文史哲"共同构建起了传统文化的主体。而语文教材所选篇目以及课外必读名著等,都对"文史哲"有全面的涉及。历史、地理这些文科科目同样与传统文化紧密相连。因为历史本来就是传统文化的一部分,而地理的变迁、江河的分布,对人类历史文明的影响也显而易见。"粗缯大布裹生涯,腹有诗书气自华。"苏轼曾经典地阐述了读书与人的修养之间的关系,只要饱读诗书,学有所成,气质才华自然横溢,高雅光彩。这其中的"诗书"便是中华民族优秀传统文化的一部分。它传承与发扬着君子求诸己,小人求诸人的道德品行;用舍行藏,求同存异的处世智慧;形端志正,射以观德的运动精神;形神兼备,情景交融的美学追求;三百六十行,行行出状元的劳动观念。对于我们现在所提倡的社会主义核心价值观、五育并举、全面发展等,有着十分积极的指导意义。

三、丰富知识体系,坚定文化自信

中华优秀传统文化积淀着多样、珍贵的精神财富,滋养了独特丰富的礼仪规范、文学艺术、科学技术、人文思想,有的教人尊师重道,讲信修睦,如传统美德与礼仪文化,国学大师钱穆先生曾说:"中国的核心思想就是礼,它是整个中国人世界里一切习俗行为的准则,标志着中国的特殊性。"讲信修睦、律己修身、仁爱孝悌、敬老爱幼、尊师重道、自谦敬人等,是中华传统礼仪的精华。有的记载历朝历代名人志士的文化主张、治世理想,如《史记》,全书共130卷,有十表、八书、十二本纪、三十世家、七十列传等,记载了上起黄帝时代,下至汉武帝元狩元年,共3000多年的历史,它既包罗万象,又融会贯穿,脉络清晰,"王迹所兴,原始察终,见盛观衰,论考之行",力求"究天人之际,通古今之变,成一家之言",书中详实地记录了有关政治、军事、教育、文化等各个方面的发展状况。有的系统记录了多项工艺生产的技术,如《天工开物》,详细地记载了谷物豆麻的栽培和加工方法，蚕丝棉苎的纺织和染色技术，制盐、制糖工艺，砖瓦、陶瓷的制作，车船的建造，金属的铸锻，煤炭、石灰、硫黄、白矾的开采和烧制，榨油、造纸的方法，金属矿物的开采，兵器的制造，颜料、酒曲的生产，以及珠玉的采集加工等，共计描绘了130多项生产技术和工具的名称、形状、工序等。有的则是综合性地理著作，如《水经注》，所记大小河流共有1000多条，充分记载了河流的源头和归宿、分支与合流、河谷宽度、河床深度、含沙量、汛期、冰期等基本水文特征，并阐释了沿河所经的伏流、河流侧蚀与改道、河中暗礁、滩濑变化、湖泊盈竭等水文现象，并对于水道途经地区的区域经济、交通道路、人口民族、物产资源等人文地理特征也有精彩的描绘。有的则以收集诗歌著称，如《诗经》，收集了西周初年至春秋中叶的诗歌共311篇，内容十分丰富，有先祖创业的颂歌、祭祀鬼神的乐章，也有贵族间的宴饮交往、劳逸不均的怨愤，更有反映劳动、爱情、婚姻、社会习俗方面的动人篇章，是反映周代社会生活的一面镜子……从思想道德到行为规范，从诗书礼仪到耕读传家，从工艺生产到科技发明，从衣食住行到大工重工，中华优秀传统文化包罗万象的知识内容，既是学生们建立文化自信的根基，也是他们丰富文化知识体系的重要保障。

  缤纷多彩的传统文化，记载了中国文化发展、演变的脚步，为全世界了解中国、看见中国提供了窗口。面对新时期实现中国梦的新任务、新要求，我们对中华优秀传统文化资源挖掘和汲取，还存在着许多的不足和明显的差距，还需要大量艰苦而细致的工作要进行，还有大有可为的广阔空间让我们去施展才华。党的二十大强调："全面建设社会主义现代化国家，必须坚持中国特色社会主义文化发展道路，增强文化自信，围绕举旗帜、聚民心、育新人、兴文化、展形象建设社会主义文化强国，发展面向现代化、面向世界、面向未来的，民族的科学的大众的社会主义文化。激发全民族文化创新创造活力，增强实现中华民族伟大复兴的精神力量。""推进文化自信自强，铸就社会主义文化新辉煌。"近年来，有关优秀传统文化的传承与发展创新可谓是层出不穷，如《河西走廊》《四季中国》《中国诗词大会》《中国成语大会》《经典咏流传》《古韵新声》《"字"从遇见你》《我在故宫修文物》《探秘三星堆》等一系列节目，从文化、历史、科学、艺术等方面，趣味且系统地推进着优秀传统文化的传承弘扬与社会主义核心价值观的培育传递，探寻传统文化与现代价值的有机融合、探寻传统文化的现代表达、探寻传统内容的现代传播，对于开阔学生的视野，发展学生的思维，帮助学生知识体系的建构，具有十分积极的价值与意义，可供学校在教育教学中借鉴与学习。

心中有信仰，脚下有力量，肩上有担当，民族有希望。永丰中心小学在对中华传统文化进行更进一步的细致梳理和深入研究中，去粗取精，删繁就简，继古开今地寻找到了适合学校发展、适宜学校教育、适切学生需求的文化传承内容，并在二十余年的教育教学实践、教育教学研究中，通过古今六艺的创造性转化和创新性发展，积累了较为丰富的教学改革经验，取得了令人满意的教学成果。坚定文化自信，建设文化强国，凝聚实现中华民族伟大复兴中国梦的强大精神力量，在守正创新、推陈出新中，让中华文化绽放出新的时代光彩。

第二章　赓续文明精神，立德树人

中华优秀传统文化是国之瑰宝，是文化自信的重要来源，学校教育有责任传承与弘扬优秀的传统文化，如中华民族在长期发展过程中所形成的诸多优良品质、智慧成果、文明结晶等。它们在上千年的发展与传承中，已成为一种传统文化基因，深深地嵌入了中华民族生生不息的血脉之中，中国历代的学校教育、名著典籍、伟人逸事等，都蕴藏着丰富的育人智慧，它们为永丰新六艺课程的开展提供了充足的历史养料和实践支撑，对推进新时代学校教育改革有着重要的启示意义。赓续文明精神，立德树人，永丰中心小学将初心不改，勇往直前。

第一节　博文约礼，弘毅致远

"礼不逾节，不侵侮，不好狎"。在中国古代社会，"礼"泛指社会的典章制度和道德规范，由礼仪、礼制、礼教、礼器等诸多方面融汇而成。以礼为核心的中国传统礼仪蕴含着特殊的意义，涉及政治、道德和社会等方面。"礼之用，和为贵"，"礼"对于当今人际交往、社会发展、大国外交等仍具有重要意义。学校作为育人的场所，是青少年道德社会化的主要阵地。"博之以文，约之以礼"，我们要积极探索礼在当今社会的价值，去其糟粕取其精华，使其更具生机与活力，焕发时代光彩。博文约礼，弘毅致远，永丰中心小学将以礼之精神砥砺品格、健康成长，以礼之内涵，明确社会责任，树立人生理想，培养知礼、懂礼、守礼、尊礼的永丰少年。

一、传统六艺之"礼"的内涵

"礼"是中国古代的典章制度和道德规范，既体现国家政治制度，又指导社会人际交往，对中华民族的长治久安、社会发展起到了极为重要的作用。"礼，经国家、定社稷、序人民、利后嗣者也"。以西周社会的学校教育为例，"礼"是古代教育中的重要内容之一，郑玄将"五礼"注解为：吉礼、嘉礼、宾礼、军礼、凶礼。

吉礼为五礼之冠，即祭祀之礼。《周礼·春官·宗伯》记载："以吉礼祀邦国之鬼、神、示（祇）。"意为敬奉神与鬼的典礼，祭祀对象分为人鬼、天神、地示等三类。主要有祭天地、祭日月星辰、祭先王、祭先祖、祭社稷、祭宗庙等礼仪活动。嘉礼是用来和合人际关系，沟通、联络感情的礼仪，《周礼·春官·大宗伯》记载："以嘉礼亲万民。"古人通常以饮食之礼来亲睦宗族兄弟，以婚冠之礼来成全男女婚配，以宾射之礼来联络故旧朋友的感情，以飨燕之礼亲睦四方之宾客，以贺庆之礼亲和异姓之国。虽然君主专制已经废除，但是很多符合时代发展的礼仪还是被传承了下来，特别是婚礼，成为现代人一生中最重大的礼仪之一。宾礼是接待宾客之礼，即邦国间的外交往来及接待宾客的礼仪活动，如天子受诸侯朝觐、天子受诸侯遣使来聘、天子遣使迎劳诸侯、天子受诸侯国使者表币贡物、天子宴诸侯或诸侯使者等。此外，王公以下直至士人的相见礼仪，也属宾礼。军礼即有关军事活动的礼仪。王者以礼治国，使天下归于大同，难免会遇到内部和外部的干扰，甚至兵火的威胁。《礼记·月令》记载："以征不义，诘诛暴慢，以明好恶，顺彼远方。"礼乐与征伐，犹如车之两轮，不可偏废。军礼分为大师之礼、大均之礼、大田之礼、大役之礼、大封之礼。凶礼即有关哀悯、吊唁、忧患的典礼。《周礼·春官·宗伯》记载："以凶礼哀邦国之忧，以丧礼哀死亡，以荒礼哀凶札，以吊礼哀祸灾，以禬礼哀围败，以恤礼哀寇乱。"意为以凶礼哀悼救助邦国的忧患，以丧礼来哀吊死亡，以荒礼来救助饥荒与疫病的流行，以吊礼哀吊发生的严重自然灾害、水火灾祸，以禬礼相助被围而遭祸败的盟国，以恤礼慰问国内的动乱或曾遭遇寇乱的邻国。

中国乃礼仪之邦，礼仪是中华民族的传统美德，从古至今，源远流长。对于华夏儿女来说，自古以来礼教恭俭庄敬，乃立身之本。有礼则安，无礼则危。故子曰："不学礼，无以立。"在日常生活中，人们也时时处处知礼守礼与行礼，常见的礼节主要有拱手礼、入学礼、成人礼等。

拱手礼又叫揖礼，是中国人传统的见面礼，其历史非常悠久。《论语·微子》曾载"子路拱而立"。这里子路对孔子所行的就是拱手礼。段玉裁在《说文解字注·手部》曰："谓沓其手，右手在内，左手在外。男之吉拜尚左，女之吉拜尚右。凶拜反是。九拜必皆拱手"。据此记载可以得知，行拱手礼时，男子一般右手在内，左手在外；中国古人以左为敬，所以行拱手礼时，左手在外，以左示人，表示真诚与尊重。若遇丧事行拱手礼，则正好相反。

女子行拱手礼时，左手在内，右手在外，若遇丧事行礼，则反之。在古代社会，人们会根据双方不同的社会地位和关系，相互行不同的礼节。因此，揖礼又有土揖、时揖、天揖、特揖、旅揖、旁三揖之分。拱手前伸并稍向下为土揖；拱手向前平伸为时揖；拱手前伸稍向上举为天揖；一个一个地作揖为特揖；按等级分别作揖为旅揖；对众人一次作揖三下为旁三揖。在《秋官司仪》中，还对前三种揖礼做了解说："土揖庶姓，时揖异姓，天揖同姓。"

入学礼在古时是非常庄重的。《礼记》有载："学童首先换上学服，拜笔、入泮池、跨壁桥，然后上大成殿，拜孔子，行入学礼。""礼义之始，在于正容体，齐颜色，顺辞令。"入学礼的第一步是正衣冠。学童们一一站立，由先生依次为学童们整理好衣冠。"先正衣冠，后明事理。"这是儿童的人生第一步——知书明理。接着，叩拜先师。学生们在先生的带领下，来到圣人先师孔子的神位前祭拜：双膝跪地，九叩首；再拜私塾先生，三叩首。行完礼，学生向先生赠送六礼束脩——芹菜、莲子、红豆、红枣、桂圆与干瘦肉条，然后净手净心。学生将手放到水盆中"净手"，正反各洗一次，然后擦干。洗手寓意着去杂存精、专心致志、心无旁骛。最后朱砂开智。先生手持蘸着朱砂的毛笔，在学生的眉心处点上一个像痣一样的红点。因为"痣"与"智"谐音，寓意儿童开启智慧，此后心开目明。接着，描红开笔，让学生在老师的指导下学写人生的第一个字。至此，入学仪式结束，儿童正式成为孔门弟子，从此便开启了读书求学之路。

成人礼，又称冠礼。古人基本上是在男子年满20岁、女子年满15岁时举行冠礼，男子为加冠，女子为及笄。《礼记·曲礼上》曰："（男子）二十曰弱冠。"就是说男子到了二十岁即称"弱冠"。早在周朝，男子二十岁时要行成人礼，其仪式主要是加冠礼，还要加冠三次，表示有权力参与管理、报效国家、参与祭祀。"弱"则指"初加冠，体犹未壮，故曰弱也"，是指体格还不够强壮。在实行加冠礼的时候，男子还要把头发盘起来，做成发髻，因为要戴帽子。女子及笄。笄，即簪子。及笄，俗称上头礼。行礼时间多为农历三月三上巳节，和男子冠礼一样要三加或者二加。将发辫盘至头顶，用簪子插住，以示成年及身有所属。笄礼作为女孩子的成人礼，像男子的冠礼一样，也是表示成人的一种仪式。成年礼是用"礼"的仪式，宣告家中"孺子"已成为正式跨入社会的成年人，应正视自己肩上的责任，完成角色的转变。只有承担成人的责任、履践美好的德行，才能成为各种合格的社会角色。

二、永丰六艺之"礼"的内涵

礼仪是文明社会的重要标志之一，也是促进人际交往友好和谐的道德规范之一，它标志着一个社会的文明程度，反映着一个民族的精神面貌。习近平总书记指出："礼仪是宣示价值观、教化人民的有效方式，要有计划地建立和规范一些礼仪制度，如升国旗仪式、成人仪式、入党入团入队仪式等，利用重大纪念日、民族传统节日等契机，组织开展形式多样的纪念庆典活动，传播主流价值，增强人们的认同感和归属感。"建立和规范礼仪制度，首先应大力传承发展中华优秀传统礼仪文化，积极构建家庭、学校、社会、网络共同发力的礼仪文化教育体系，让广大群众深刻认识礼仪在现代生活中的重要性和必要性，树立正确的礼仪观。

基于以上认知，永丰中心小学于2016年10月开展了传统礼文化的教育实践研究，并构建了学校目标研究系统，建立了礼文化研究学生活动机制。2018年11月，永丰中心小学申请通过了北京市海淀区教育科学"十三五"规划群体课题子课题——"雅·微讲堂"养成教育课程化研究，主要从微班会、升旗仪式、微视频、家校等方面进行"礼"方面的实践探究。在课堂研究中，我们将"敬"分解为敬己、敬人、敬物、敬业四个方面，并将实施课堂称之为"四敬课堂"。期待通过家庭、学校教育"齐之以礼""约之以礼"，让少年儿童在学习和生活中感知礼仪、领悟礼仪、践行礼仪，推动现代文明礼仪内化于心、外化于行。

敬己，即正确认识自己；既不低估自己，又不骄傲自大。犹如《荀子·天论》所说："君子敬其在己者，而不慕其在天者，是以日进也。"意思是说，君子重视自己的努力，而不指望上天的恩赐，所以每天都能进步。仔细说来，主要从自省、克己、慎独三个方面来完善自我。自省是指检省自己，从思想意识、言论行动等各方面去审视自己是否遵从道义原则。关于自省，《孟子》给了我们详细的说明，"爱人不亲，反其仁；治人不治，反其智；礼人不答，反其敬。行有不得者皆反求诸己，其身正而天下归之"。如果关爱别人，可是别人却不肯亲近，那首先要反问自己，自己的仁爱之心够不够？如果劝诫别人而没有成功，那就要反问自己，自己的智慧够不够？如果有礼貌地对待别人，可是得不到相应的回答，就要反问自己，自己的真诚够不够？当行动未得到预期效果时，不要埋怨别人，首先应当反躬自问，从自己身上找原因。

由此可见，只有通过时时内省，君子才能逐步地提高修养，以成就高尚德操。克己是指培养节制自己的能力。子曰："克己复礼为仁"，意思是说人们只有克制自己的欲望和不正确的言行，自觉遵守道德规范，才能达到仁的境界。这与孟子的"吾善养吾浩然之气"和曾子的"士不可以不弘毅"是一个道理：君子只有做自己真正的主宰者，才能不随波逐流，不为境转。慎独表明的是一种人生态度，表里如一；彰显的是一种人生境界，襟怀坦荡。《中庸》说："君子慎其独也"，意为对于"幽暗之中，细微之事，迹虽未形而几则已动，人虽不知而己独知之，则是天下事无有著见明显而过于此者。是以君子既常戒惧，而于此尤加谨焉，所以遏人欲于将萌，而不使其滋长于隐微之中，以至离道之远也"。谨言慎行，追求道德规范。我国历史上涌现出许多秉持这一操守的君子：如东汉的杨震"天知、地知、你知、我知"；三国时的刘备"勿以恶小而为之，勿以善小而不为"；宋代的袁采"处世当无愧于心"；元代的许衡不食无主之梨，只因"梨虽无主，我心有主"；还有清代的叶存仁"不畏人知畏己知"，凡此种种，无一不是慎独自律、追求道德完善的体现。

　　敬人的核心思想是忠恕之道。"忠恕之道"一方面主张人与人之间的平等互利，即"我不欲人之加诸我也，吾亦欲无加诸人"，另一方面又强调在平等互利中尊重他人的独立意志，不要以己之意志强加于他人。因为这是最基本、最普遍的道德准则，所以它不仅适用于古代，而且适用于现代；不仅适用于个体的人际关系，而且适用于群体的民族、国家关系。子曰："夫仁者，己欲立而立人，己欲达而达人。能近取譬，可谓仁之方也已"（《论语·雍也》）。这里的"己欲立而立人，己欲达而达人"就是忠；"能近取譬"就是推己及人，由近及远；"仁之方"就是"行仁之方"，亦即推行、实践仁道的方法、准则。《论语·卫灵公》记载孔子与其学生子贡的对话，子贡问曰："有一言而可以终身行之者乎？"子曰："其恕乎！己所不欲，勿施于人。"由此可见，在忠恕之道中孔子更加重视的是"恕"，即"己所不欲，勿施于人"。

　　敬物的核心思想在于"游于艺"。《论语·述而》："志于道，据于德，依于仁，游于艺。"其中"游于艺"的"艺"是指孔子传授学生的礼、乐、射、御、书、数等六艺，是技艺，也是艺术欣赏。而"游"则着重表现一种精神比较放松、心情比较愉悦、形式比较自由的活动方式、参与方式，是与技之间的心灵交流，是有感于情，而形于技之上的艺术修养、精神境界。同时，"游"不以世俗的功利为目的，它强调感情的即时抒发，是自我价值、人格、灵魂的完美演绎。这是对于"物"最大的敬。

敬业的核心思想是"为己之学"。子曰:"古之学者为己,今之学者为人"(《论语·宪问》)。孔子主张学习本质属性是一种"为己之学",旨在提高自己,然后推己及人,"己欲立而立人",以收治平之效。学习的出发点与归宿都应建构在具有充分的独立性与自主性的"己"或自我之上,通过学习渐次解决自身的问题,实现自我的立定和超越,学以成人乃至学以成圣,这是学习的基本功能与旨趣所在。反之,便是功利化的学习——借助学习向人炫耀博学多识,或是一味谋求功名利禄等,这样的学习由于丧失了独立人格与自我尊严,而完全受制于私欲,屈从于外界,沦为庸俗的"为人之学"。

第二节 乐由心生,继往开来

"乐者,音之所由生也,其本在人心而感于物也。"音乐既然能够表达奏乐人的心声,与心相通,共情共性,自然也能从外而内影响到人的情绪,如"孔子闻韶乐,三月不知肉味"。因此,在古代社会,"乐"有一个很重要的作用就是教化民众,"移风易俗,莫善于乐"。音乐以其特有的表现来影响人的情感世界、审美观念等,例如常听儿童歌曲,会使人感到精神愉快,性格也会变得活泼。音乐可以陶冶人的情操,培养人的优秀品质,对于世界观尚未形成的青少年,尤其重要。乐由心生,继往开来,永丰中心小学将深入开展有关"乐"的课程研究,观照时代的发展,更新"乐"之文化内涵。

一、传统六艺之"乐"的内涵

"乐"是中国古典精英教育的重要组成部分,具体内容包括乐德、乐语和乐舞三个部分,旨在以雅乐为载体,对贵族子弟或文化阶层,结合特定的礼仪开展情感教育、认知教育、社会教育和审美教育。如《乐记》中提出:"声相应,故生变,变成方,谓之音;比音而乐之,及干、戚、羽、旄,谓之乐。"这段经典论述,极其形象而逻辑清晰地说明了古人所谓"乐"中"声、音、乐"三者的内在关系,并成为汉代以后,两千多年来中国传统文人乐论的基调。至于"乐"的社会内涵,《乐记》中也有十分简练的描述:"知声而不知音者,禽兽是也;知音而不知乐者,众庶是也。唯君子为能知乐。"把音乐方面的综合素养,和理想当中君子的文化修养联系起来,成为传统士大夫、文人必备的一种身份符号。《论语·述而》："子在齐闻韶，三月不知肉味，曰：不图为乐之至于斯也。"《礼记·乐记》也曾这样形容音乐的重要性："夫乐者，乐也，人情之所不能免也。"

　　古乐，穿越了中华民族五千年的历史长河，"从远古时代具有浓厚民族特色的乐舞，到唐代恢宏盛大的教坊，再到明清异彩纷呈的戏曲，无一不是中华灿烂文化的体现"。古乐韵律变化万千，有的如泣如诉，扣人心弦；有的慷慨激昂，荡气回肠；有的则清柔如水，余音绕梁，宛如幽兰飘香。在乐理上，它们"皆文之以五声，宫商角徵羽"。宫、商、角、徵、羽五个音阶，大致相当于现代音乐简谱上的 1（do）、2（re）、3（mi）、5（sol）、6（la）。古人把宫、商、角、徵、羽称为五声或五音，从宫到羽，按照音的高低排列起来，形成一个五声音阶，宫、商、角、徵、羽就是五声音阶上的五个音级：

宫　商　角　徵　羽
1　2　3　5　6

　　作为音级，宫、商、角、徵、羽等音，只有相对音高，没有绝对音高。这就是说它们的音高是随着调子转移的。但是相邻两音的距离却固定不变，只要第一级音的音高确定了，其他各级的音高也就都确定了。古人通常以宫作为音阶的起点，这是较为普遍的确定音高的方法。在特殊情况下，其实宫、商、角、徵、羽每一个音阶都可以作为第一级音。《管子·地员》篇有一段描写五声的文字，其中所列的五声顺序是徵、羽、宫、商、角，这就是以徵为第一级音的五声音阶：

徵　羽　宫　商　角
5　6　1　2　3

　　音阶的第一级音不同，意味着调式的不同：以宫为音阶起点的是宫调式，意思是以宫作为乐曲旋律中最重要的居于核心地位的主音；以徵为音阶起点的是徵调式，意思是以徵作为乐曲旋律中最重要的居于核心地位的主音；其余由此类推。这样，五声音阶就可以有五种主音不同的调式。同时，不同的乐器，相同的曲调，或者相同的乐器，不同的主调，都会使乐曲的演奏形成不同的意境，给听者以不同的遐想。如中国古代著名的琴曲《梅花三弄》，以和声演奏主调，并以同样曲调在不同徽位上重复3次，即所谓"一弄叫日、二弄穿月、三弄横江"，刻画出了梅花恬静端庄的形象、志存高远的品格和不屈不挠的精神，呈现出了极为细腻的音乐意境，使人听后余音缭绕，不绝于耳。正如《律历志》所说："宫者，中也，居中央畅四方，唱始施生为四声之径。商者，章也，物成事明也。角者，触也，阳气蠢动，万物触地而生也。徵者，祉也，万物大盛蕃祉也。羽者，宇也，物藏聚萃宇复之也。"这是从自然生化的角度，对五音所发之声进行了更为详尽的解释说明。也就是说，从人的听觉来讲，宫音浑厚较浊，长远以闻；商音嘹亮高畅，激越而和；角音和而不戾，润而不枯；徵音焦烈燥恕，如火烈声；羽音圆清急畅，条达畅意。

古人弹琴，不为娱乐他人，而是修身养性，是与自我的心灵对话。正如明代李贽所说："琴者，心也。"如竹林七贤的领军人物——嵇康，临刑之前先"顾日影"，然后"索琴而弹之"。弹完后，他说了人生最大的一件憾事：昔日袁孝尼多次想跟我学《广陵散》，"吾每靳固之"，没教他，"《广陵散》于今绝矣！"。从此，在中国的传统语境中，《广陵散》成为失传文化的代名词。那么，以嵇康为代表的竹林七贤最让人尊重的是什么呢？就是他们独立的精神，高尚的人格，不为金钱，不惧权贵，为了坚守自己的理想，甘愿舍生赴义的"敬己"精神。陶渊明的琴桌上常年摆着一张琴，既无弦也无徽。可是，每当他酒酣耳热、兴致盎然之时，便会在琴上虚按一曲，"抚空器而意得，遗繁弦而道宣"。他所弹奏的是自己的心曲，他所追求的是一种超脱自我的心境，宛如其诗所云："但识琴中趣，何劳弦上声。"

传统六艺之"乐"，对于人的心灵、社会生产以及政治教化方面，有着重要的影响，《史记·乐书》中这样评价乐的作用："乐在宗庙之中，君臣上下同听之，则莫不和敬；在族长乡里之中，长幼同听之，则莫不和顺；在闺门之内，父子兄弟同听之，则莫不和亲。故乐者，审一以定和，比物以饰节，节奏合以成文，所以合和父子君臣，附亲万民也，是先王立乐之方也。"

二、永丰六艺之"乐"的内涵

继承中华优秀传统文化，充分利用传统文化资源，实现中华文化的伟大复兴，对博大富饶的中国传统音乐资源的再发掘、再认识，具有深远的启示和指导意义。

1938年4月19日，毛泽东在给鲁迅艺术学院全院师生讲话时，特别指出：民歌里确实有许多很好的东西。在继承先秦的"十五国风"、汉魏的"乐府"、唐代的"竹枝"、明清的《山歌》《霓裳续谱》《白雪遗音》以及20世纪20年代"北大歌谣"等民乐采集方式方法及精神的基础上，中国的音乐家及研究人员开启了一场别开生面的、系统专业的民歌采集运动。鲁艺师生在此过程中做出了比较突出的贡献。"鲁艺民歌采集"采取词曲同录的现代采集整理方法，完全改变了几千年来以"文"代"乐"的传统记录习惯，第一次使民间口碑音乐成为可读可唱、可存可见的珍贵遗产，也为后人留下了大量的音乐文化信息，树立了值得永远学习、效仿的典范。与采集、改编创作几乎同步推进的还有民歌的整理与研究。1939年5月，鲁迅艺术学院发起成立了"民歌研究会"，后更名为"中国民间音乐研究会"。该会编辑出版的《陕甘宁老根据地民歌选》，共收民歌572首，是1938年以来采集民歌最多、地域最广、品种最全的合集。更为重要的是，这些曲目中有些至今仍在广泛传唱，如《黄河船夫曲》《蓝花花》《五哥放羊》《三十里铺》；有些则成为音乐再创作的基础，如李焕之以陕北"秧歌调"为基础创作的《春节序曲》《东方红》等。

　　到了21世纪，由于"全球经济一体化"对传统文化生态的全面冲击和挤压，几千年流传下来的中华文化出现了某种渐渐式微的态势。这一现象不仅出现在中国，而且也在全球范围内普遍存在。联合国教科文组织，基于以上状况，首先发出了保护"人类口头与非物质文化遗产代表作"的倡议，中国政府立即响应，先后申报了昆曲、古琴等非遗项目，又于2005年组织各领域学者组成文化部"非遗"保护专家组，开展县、市、省、国家四级"非遗"代表作的评选，指导"非遗"项目普查和建立"非遗"项目数据库以及评定各级各类别的优秀传承人，并于2011年颁布《中华人民共和国非物质文化遗产法》。从传统文化传承、保护、弘扬的角度看，这是中华传统文化历史上的第一次。现在，我们可以欣慰地看到，很多民间乐种、舞种、曲种、剧种不仅仅见于城镇舞台、乡间村寨，而逐渐活跃于大中小学，使传统文化的保护传承获得了广泛的社会认可和雄厚的社会基础。

　　结合《中国学生发展核心素养》《义务教育课程标准（2022年版）》中有关人文底蕴、艺术素养等的相关研究与论述，永丰中心小学将六艺之"乐"的内涵界定为学生艺术与审美素养的培养，主要包括音乐、美术、舞蹈、戏剧等课程，从学生个体发展来讲，主要用于培养学生的艺术修养，提高学生的审美能力、鉴赏水平，增加课余生活乐趣；从文艺发展的角度来讲，是为有效传承中华民族灿烂的艺术文明，为文化自信、民族复兴提供精神力量。因此，永丰中心小学"乐"艺课程的核心素养主要包括审美感知、艺术表现、创意实践、文化理解等，以丰富学生的生活内容，提升学生的艺术修养，提高学生的审美能力、鉴赏水平等，培养善于发现美、欣赏美、热爱生活的永丰少年。

审美感知是对自然世界、社会生活和艺术作品中美的特征及其意义与作用的发现、感受、认识和反应能力。如在永丰中心小学"故土教育"系列课程中，壮丽巍峨的大好河山、五湖四海的民俗风情、惟妙惟肖的手工艺品都是我们的欣赏对象，有时我们尽情徜徉在徐霞客曾走过的山路上，有时我们像勇士一样守望在六国曾经逡巡而不敢前的关隘前，有时我们会被信马由缰纵横驰骋的西北草原深深吸引，想象着像成吉思汗一样弯弓射雕……在审美感知中，师生充分领悟审美对象所展现的艺术语言、艺术形象、风格意蕴、情感表达等，并在发现美、感知美的过程中逐渐丰富审美体验，提升审美情趣。

艺术表现是在艺术活动中创造艺术形象、表达思想感情、展现艺术美感的实践能力。在课程建设和活动设计中，永丰中心小学注重培养学生掌握艺术表现的技能，认识艺术与生活的广泛联系，致力于学生形象思维能力的提升，以涵养热爱生命和生活的态度。从永丰中心小学校歌《成长》的歌词中，我们便可以窥见一斑。我们的学生来自五湖四海，我们的方言是南腔北调，但是在永丰中心小学，我们说着同样的语言，唱着同样的颂歌，在其乐融融、和谐美好的校园里，学生们像小树和雏鹰一样，茁壮成长，自由翱翔。因此，在校歌《成长》的歌词中我们这样写道："五湖四海，我们连着祖国的脉搏，南腔北调，我们唱着和谐的颂歌。啊，永丰永丰，我们在这里播种理想。啊，永丰永丰，我们在这里辛勤收获。啊，我们像小树吮吸知识雨露。啊，我们像雏鹰搏击天高海阔。啊，天高海阔。"作为学生，他们始终在老师和家长"爱的目光"里，他们肩负嘱托，奋发向上；他们终将成为民族的脊梁，去建设我们伟大的祖国。因此，在我们的校歌《成长》的第二段歌词中，这样唱道："枝繁叶茂，我们走不出你的目光，展翅高飞，我们肩负着你的嘱托。啊，永丰永丰，课堂里回荡读书声。啊，永丰永丰，操场上健儿在拼搏。啊，我们将建设伟大祖国。啊，祖国。"正是由于师生们对于学校的热爱之情，才让校歌的创作既有根的情怀，又有叶的期待，其思想感情和内涵意蕴才能如此生动且丰满。

创意实践是综合运用多学科知识，紧密联系现实生活，进行艺术创新和实际应用的能力。在永丰中心小学的艺术课程中，我们努力营造氛围，激发灵感，鼓励学生对创作的过程和方法进行探究与实验，努力促成学生将独特想法转化为艺术成果。以永丰中心小学"英语课本剧"表演为例，学生们以课本中的小故事为依托，小组内共同协商，选择或创新剧本中的角色、制作道具，最终在班级中呈现完整的剧目表演。学生们在角色扮演中，学会了如何合作，认识到了团队的力量；在道具制作的方法上，激发同学们的想象力，拓展学生们的思维，提升他们的自信心。在课程设计中，学校以学科融合的思维，促进学生综合能力的发展，在创意实践中，鼓励学生手、口、脑、心并用，自主学习，勇敢挑战，绽放少年风采，展现永丰品质。

文化理解是对特定文化情境中艺术作品人文内涵的感悟、领会、阐释能力。文化理解的培育有助于学生在艺术活动中形成正确的历史观、民族观、国家观、文化观，尊重文化多样性，增强文化自信。在永丰中心小学"民族音乐"系列课程的设计中，教研团队改变了传统的以体裁划分民间歌曲的学习方式，采用以地方风格划分民歌"色彩区"的方法，分析各地民歌旋律的个性特点、表达内容的地方特质，侧重培养学生对于音乐内容创作的理解和认同、音乐形态要素的分析和总结，使学生在演奏能力、风格掌握能力、地域风格分析能力、创新意识方面的能力有明显提升。在文化理解的基础上，弘扬民族音乐文化，保护传统优秀音乐文化遗产，提高民族文化认同感，培养学生的爱国主义精神。

第三节 君子善射，源远流长

"男子生而有射事，长学礼乐以饰之。"东西周时期，射礼是贵族必备技能和礼仪。"内志正，外体直，然后持弓矢审固；持弓矢审固，然后可以言中。此可以观德行也。"射礼不仅仅要求人们精通射箭，还要约束德行，要求射者品德端正，道德高尚。在古人看来，射箭如做人，体态正了，心态好了，迟早要成功。可见，"射"艺无论是对强身健体、强军强国，还是培养正直健全的人格，都具有积极的作用。君子善射，源远流长，永丰中心小学将在研究传统"射"艺的基础上，结合时代特色，融合创新，开展有关永丰"射"艺课程的相关研究。

一、传统六艺之"射"的内涵

射艺为古代六艺之一,最早见于《周礼·地官·保氏》,是古代学校的教育内容之一。在西周社会,"射"不仅是一种武术技能,还包含了道德修养和礼仪规范等内容。随之而分化出的便是兼具教育、修身功能的射艺和社会教化功能的礼射。

《周礼·地官》:"保氏掌谏王恶,而养国子以道,乃教之六艺:……三曰五射。"据郑玄注:"五射:白矢、参连、剡注、襄尺、井仪也。"分别指"箭穿靶子而箭头发白,表明发矢准确而有力""前放一矢,腼三矢连续而去,矢矢相属,若连珠之相衔""谓矢发之疾,瞄时短促,上箭即放箭而中""臣与君射,臣与君并立,让君一尺而退""四矢连贯,皆正中目标"等。射箭的方法有很多种,但是都离不开"内志正,外体直,持弓矢审固"这个要领,因为射箭考验的不仅仅是动作技巧,更重要是在考察一个人的品德,这也是传统六艺"射"的重要内容"礼射"。

《礼记·射礼》:"古者诸侯之射也,必先行燕礼;卿大夫之射也,必先行乡饮酒之礼。故燕礼者,所以明君臣之义也;乡饮酒之礼者,所以明长幼之序也。"可见,从天子、诸侯、卿大夫到庶人,无不学射、尚射,这种风气极大地推动了射箭的普及以及礼射文化在社会各阶层的传播和发展。从史册资料来看,古代学校在教育"射"的同时,将"礼"教有机地与"射"教的内容相结合,并形成了推动社会文明发展的礼射文化。西周社会,凡是祭祀、朝会、宴乐等集会,都要进行"礼射",即在射箭活动中规定礼仪程序和等级,用以明君臣之礼、长幼之序。主要有大射、宾射、燕射、乡射四种类型。

第一,大射。《周礼·天官·司裘》:"王大射,则共虎侯、熊侯、豹侯,设其鹄。"郑玄注:"大射者,为祭祀射。王将有郊庙之事,以射择诸侯及群臣与邦国所贡之士可以与祭者……而中多者得与於祭。"意思是说,大射是天子与诸侯在举行盛大祭祀之前,为选拔参与祭祀人选而举行的射礼。第二,宾射。诸侯来朝见天子或诸侯互相朝拜时举行的射礼。第三,燕射。天子、诸侯燕息娱乐宴会时的射礼。第四,乡射。每年的春秋两季或三年一度的学子卒业将出仕的典礼,也是乡大夫和士在饮宴之中的重要活动。其中,乡射是习射兼习礼的最基层和最具普及性的体育活动。乡射由居于乡村的州长或大夫主持，在当时的学校（州序、庠）举行。优秀乡学子弟和不同身份的父老为宾客，知礼者为上宾，其余为众宾，所在生活区域的庶民可以观看。

礼射进行前，往往由德高望重的主持人邀请品学兼优的乡学子弟作为"宾"来参赛和表演。据《礼记·射义》记载，孔子与弟子在矍相之地的园圃中举行礼射，就对参赛人提出"贲军之将，亡国之大夫，与为人后者不入"的条件。提出如此明确的道德要求，在体育竞技史上可能是绝无仅有的。在礼射过程中，还要求"选手"树立健康的竞争心态和良好的意志品质。如"发而不中"时，要"反求诸己"，不要怨天尤人，关键在于反躬自问，找出自己失败的原因，百折不挠，才能反败为胜。从礼射开始到结束，要求选手"进退周还必中礼"。

孔子还提倡"君子无所争，必也射乎！揖让而升，下而饮，其争也君子"。参加礼射活动要以修身进德为本，不是妄争高低，所谓竞争就是比箭，在比赛中要竭尽全力，当升堂相遇时要彼此揖让，互相尊重；比赛结束后，堂下是朋友，一起喝酒，这就是君子之争。因此，礼射的过程其实也是陶冶情操、反复自省、不断进取的过程，这对于形成正直的社会风气具有重要意义。在"文事而武备，先礼而后兵"的"礼"与"武"兼备的社会风尚中，"饰之以礼乐"的射箭活动，更是强调人的艺德并重，在活动内容、方式、等级规格等方面得到全面的提升，其文化价值也得到了社会的充分肯定。正如彭林先生所言："儒家的射礼，实际上是逐步诱导射手学习礼乐，使心志与形态都合于'德'的教化过程。"

二、永丰六艺之"射"的内涵

2001年10月7日，是中国队与阿曼队争夺世界杯出线资格的重要日子。在这90分钟的赛时中，战局可谓是风云变幻。其中最令人难忘的一幕是比赛进行到36分钟时，天津籍球员于根伟顶替祁宏上场。当李铁从右路起高球，李霄鹏头球摆入禁区，郝海东在对方后卫贴身逼抢的情况下，将球再次摆渡。此刻，杨晨和于根伟双双抢向落球点，最终以于根伟倒地抢射破门。至此，国足以1:0的优势战胜阿曼队，提前两轮从十强赛出线，创造了中国队历史上第一次进入世界杯的神话。在整个比赛过程中，中国足球队队员们，配合得十分默契。在与对手争锋的过程中，队员们始终保持中国人"友谊第一，比赛第二"的大国风度，面对对手的种种攻势，始终以国际赛制为准绳，以国家形象为重，以君子之礼，见招拆招，尽情发挥，充分体现了儒家"君子无所争，争也君子"的精神内涵。中国足球，在传承中华优秀传统文化的同时，也将足球的快乐和健康带给了更多的家庭，让足球团队合作的智慧和永不言弃的精神，在下一代的生命中生根发芽、发扬光大。

2017年，青海省海西蒙古族藏族自治州举行了"第三届中国·青海国际民族传统射箭精英赛"，来自20多个国家和地区的射箭手，弯弓、瞄准、屏气凝神、万箭齐发，一决高下，赛事既使中国传统射箭文化大放异彩，又为各国"箭士"提供了展示民族射箭文化的舞台，盛况空前。现在，中国的医学工作者们结合国外的射箭疗法，利用射箭正身、炼心的传统功能，将其与中医学上的物理治疗相结合，对伴有上肢及躯干肌肉力量、协调性、呼吸功能、负重能力下降的脊柱脊髓损伤、骨折及运动创伤、烧伤、手外伤、腰肌痛等疾患的患者进行射箭疗法的相关治疗。2013年，国内首家射箭治疗室落地广东省工伤康复医院，从改善患者躯干控制、上肢力量与协调性以及积极调解心理状态等方面进行绿色治疗，使病伤残者在身体肌能上得到最大限度的恢复，并充分发挥身体残留部分的功能，达到最大可能的生活自理、劳动和工作的能力，使患者重拾生活的信心。正如新中国成立后第一代射箭运动员徐开才老先生在一次专访中所说："射箭不只是技术层面的问题，更重要的是思想、灵魂、心理层面的磨炼。"

以传统"射"艺为基，结合《中国学生发展核心素养》《义务教育体育与健康课程标准（2022年版）》中有关健康生活、运动能力、体育品德等的相关研究与论述，向各类传统体育运动取经，永丰中心小学将六艺之"射"的内涵界定为强身健体的体育技能及展示中华勇武精神的相关教育活动。从文化传承来讲，它更为关注射艺精神及其文化内涵的教育。从个体发展来讲，它充分尊重学生个体，以成长的可持续发展为教学前提，补充和拓展学生的体育活动，锻炼学生的运动能力，提高学生的身体素质，增强学生的规划意识和团队精神，培养热爱运动、体魄强健的永丰少年。

在"射"艺类课程的理论研究中，徐州工程学院薛誉教授的学术论文《先秦儒家视域下的射艺思想对现代竞技体育的启示》为我们明确了方向，他提出的先秦儒家思想对现代竞技体育的三点启示：一是身体与技能的统一，二是技能与规则的统一，三是礼仪与仁德的统一，对于我们在课程研发中有关身、心、技、法、礼、德等方面内容取材与展现，有着非常重要的指导作用，十余年来，我们开设了弓箭、空竹、中华武术、足球、曲棍球、篮球等校本课程，在丰富学生校园生活、提升学生身体素质的同时，也不断地改变着学生们的精神面貌和生活态度。

第四节　御心而行，顶天立地

"御"在古代指驾驶马车的技术。一个有经验的驭手从日常出行到国家的外交和战争，都发挥着巨大的作用，"左并辔，右援枹而鼓，马逸不能止，师从之"。马和马车是古人最重要的交通工具和战争工具，在战争中，战车除了提高运输效率外，还是先秦时期重要的兵器，是战胜对手的强大力量，"一言既出，驷马难追"中的"驷马"指的就是战车。同时，"车"也是地位的体现，不同阶层的人所乘车辆也是不一样的，不能逾越，"天子驾六，诸侯驾五，卿驾四，大夫三，士二，庶人一"。由此看来，驾驭之术不仅仅是一种斗勇，更是一种斗智，包含对某一问题在运筹学、管理学、领导学方面的综合最优化。御心而行，顶天立地，永丰中心小学将以"御"之韬略，加强国防教育，增强国防观念；以"御"之智慧，培养严格自律、慎独慎微的永丰少年。

一、传统六艺之"御"的内涵

"御"作为一种教育内容，最早见于《周礼·地官·大司徒》："三曰六艺：礼、乐、射、御、书、数。"《周礼·地官·师氏/媒氏》又对六艺做了进一步的解释："保氏掌谏王恶，而养国子以道，乃教之六艺：一曰五礼，二曰六乐，三曰五射，四曰五御（驭），五曰六书，六曰九数。"郑玄注："五驭：鸣和鸾，逐水曲，过君表，舞交衢，逐禽左。"因此，按辔徐行，鸣以和鸾，是古代驾车的礼仪。这种礼仪，一是表示对对方的尊敬，是驾车的基本礼貌；二是表示一种纪律，是所有御者都必须遵循的一种礼制。

《礼记·曲礼上》："君车将驾，则仆执策立于马前。已驾，仆展令效驾。奋衣由右上取贰绥，跪乘。执策分辔，驱之五步而立。君出就车，则仆并辔授绥。左右攘辟，车驱而驺。至于大门，君抚仆之手，而顾命车右就车。门闾、沟渠必步。"意思是国君要外出时，御车的仆人要先执策马仗，立于马前。车马驾好，仆人检查无误后，告诉国君车已驾好。而后仆人振衣去尘，从左右两边取上车时拉手的绳索，跪着等候国君上车。御者两手拿着仗和辔，调试马车，行进五步后停下。国君出门登车，御者并辔于右手中，左手取正绥给国君。左右侍驾者皆退让，车前进后，左右的仆人要快步跟随。到了大门，国君按仆人的手，以示停车，命车右陪乘登车。遇到门闾、沟渠，车右都要下车步行，此乃右车之礼。除此之外，天子出行，还要有奏乐之礼。《周礼·夏官·大驭》："凡驭路，行以《肆夏》，趋以《采荠》。凡驭路仪，以鸾和为节。"郑玄注："凡驭路，谓五路也。行，谓大寝至路门；趋，谓路门至应门。""舒疾之法也，鸾在衡，和在轼，皆以金为铃。"也就是说驭天子五辂，都要与相应的乐章合拍。从大寝到路门这段路，缓行时以《肆夏》为节奏；从路门到应门这段路，疾行时要以《采荠》为节奏。凡驾五辂的仪法，以鸾和二铃的鸣声为节奏，讲求舒疾之法。可见，在六艺之中，"御"不仅指简单的驾车技术和礼仪制度，它还包含传统文化中精神和修养方面的更深层次的内容。因此，要做一名合格的御者，并不是一件简单的事情。它既要求御者有较高的知识水平、道德修养，又要求其有较高的管理手段和统筹驾驭能力，是智慧与能力的完美结合。

首先，御者应知礼懂乐，身正为范。六艺之学，先礼乐后射御。"若不懂礼乐，则射不能获，御不中节。""为御者不知礼，则其身不正；其身不正，则无以正马。"意思是说，如若不懂礼乐制度，那么射便不能有所收获，御也不会正中其道，从而主掌大道。管理者如果不懂"御"的礼节，那么，首先就没有站在正确的位置；立场不对，便没有正确的、合理的方式方法来管理他的下属。在三国时期，魏国丞相曹操，便是一位御军有道、以身作则的典范。建安三年的初夏，曹操西征讨伐张绣，在途中曾因自己的坐骑受惊踩踏了老乡们的麦田，而触犯了军纪，便自行齐根断发，以儆效尤。他这种言出必行、严于律己的行事风格，士兵们耳闻目睹，无不引以为戒，倍加谨慎，更加严格地要求自己。这既是曹军大获全胜的一个重要因素，也是曹操所谙熟的管理手段：先正其身，后正其马。用严于律己的实际行动，树立威信，以服三军。

其次，御者应专心致志，善于自我管理。《韩非子·喻老》："凡御之所贵，马体安于车，人心调于马，而后可以追速致远。"意思是说，凡驾驭马车的御者，其心思要与马匹相互协调，要将注意力集中于调马，专心致志，然后才可以加快速度、使之到达远方！将这种御马的方法用于国家管理上，含义可以引申为：管理者的思想只有真正地与民意相通，才能得到较好的管理成效。同时，也只有一心一意为人民服务的认识，才能使管理者的思想在实施过程中达到理想的状态。《论语·颜渊》中，颜渊向孔子问仁。孔子这样回答："克己复礼为仁。一日克己复礼，天下归仁焉！为仁由己，而由人乎哉？"意思是说，只有善于自我管理，努力约束自己，使自己的行为符合礼的要求，才可以达到理想的境界。那么作为国家的管理者，君主只有克己复礼，心无旁骛地专心治理国家，国家才有希望。

再次，御者应恪守己职，"善治其民"。《论语·子罕》中，子曰："吾何执？执御乎？执射乎？吾执御矣。"孔子认为，自己只是在以先圣之道来教导学生，以先圣之道来辅佐明君，从而将仁爱的思想灌注于治国方略之中，而自己并不是专才，只不过是恪守己职而已，犹如御者正马。那么，在学生问到如何治理国家，做一个合格的管理者时，子曰："道之以政，齐之以刑，民免而无耻；道之以德，齐之以礼，有耻且格。"意思是说：用政治手段约束民众，用刑法手段规范秩序，民众会设法规避而没有羞耻的感觉；用道德教育启发民众良心，用礼来规范秩序，民众会既遵守秩序又知道羞耻。在这里孔子提出了一种善治其民的方法"道之以德，齐之以礼"。

总之，御者之道，首要的是御心，只有互通心意，才能发挥"御"的无限潜力，也只有深入人心的"御"，才能对人、对己、对社会产生深远的影响，这也是"御"的最高境界。因此一个好的管理者要先正己而后化人，只有让人心服口服，管理者的言行才能发挥正向能量，才能引导团队向着正确的方向前进。

二、永丰六艺之"御"的内涵

哈佛大学曾做过一项非常著名的关于目标对人生影响的跟踪调查，研究证明：智力、学历、环境等条件都差不多的大学毕业生，在25年后，3%有清晰而长远的目标的人，都成为社会各界的成功人士；10%有清晰但比较短期目标的人，成为各个领域中的专业人士；60%目标模糊的人，都生活在社会的中上层；而那27%没有目标的人，生活依旧没有目标，常抱怨世界"不肯给他们机会"。在我们学习的过程中，每周为自己做一个日程安排。在学习任务较重的时期，对自己的学习内容、学习进度进行妥善安排，其目的不仅仅是要完成学习任务，更重要的是培养我们有效地运用时间、合理地调配时间的能力，并为我们接下来的计划提供一种提醒和指引。

"每个人都是自己命运的建筑师"，从心理学的角度来讲，自我管理，又叫自我监控，是自我意识的一部分，是指个体为了达到预定的目标，将自身正在进行的实践活动过程作为对象，不断地对其进行积极、自觉的计划、监察、评价、反馈、控制和调节的过程。亚里士多德也曾说："任何人都会生气，这没什么难的，但要能适时适所，以适当方式对适当的对象恰如其分地生气，可就难上加难。"善于控制、治理自身情绪的人，能够消除情绪的负效能，最大限度地开发情绪的正效能。因此，在情绪管理的方法中，我们经常会听到换位思考、自我平衡、适度表达愤怒等。正如诺贝尔文学奖得主赫曼赫塞所说："痛苦让你觉得苦恼的，只是因为你惧怕它、责怪它；痛苦会紧追你不舍，是因为你想逃离它。所以，你不可逃避，不可责怪，不可惧怕。你自己知道，在心的深处完全知道——世界上只有一个魔术、一种力量和一个幸福，它就叫爱。因此，去爱痛苦吧。不要违逆痛苦，不要逃避痛苦，去品尝痛苦深处的甜美吧。"其实情绪并没有好坏之分，每一种情绪都有它自身的价值与功能。只要我们成为情绪的主人，合理地去管控，情绪的价值与功能就能在我们的生活、学习与生活中充分地发挥出来。

个人的成长需要从各个方面去管理自己、武装自己，国家的发展也同样如此。比如在军事电子方面，由沪东造船厂建造的855电子侦察船，在作业时，不仅能接收并记录无线电通信、雷达和武器控制系统等电子设备所发射的电磁波信号，还可以对一定范围内的各种目标实施全天候、不间断侦察，掌握其部署动向，为部队的自动化指挥、情报侦察、预警探测、电子对抗和通信等方面提供了技术支持。在船舶工业方面，洲际导弹、核动力潜艇、常规动力潜艇、导弹驱逐舰、导弹护卫舰、导弹快艇及各种辅助船舶和新型鱼雷、水雷、反水雷等新装备的研制和建造，为我国的海上作战能力提供了保障。在航空工业方面，中国自行研发、生产的歼击机、轰炸机、直升机、运输机、教练机等，不仅满足了海空军作战和飞行训练的需要，还成为该领域的带头人。在航天科技工业方面，2018年10月9日，中国成功发射遥感三十二号01组卫星，为我国开展电磁环境探测及相关技术试验打开了新的局面；2018年12月8日，嫦娥四号探测器成功发射；2019年1月3日实现世界首次月球背面软着陆，并开展就位探测与巡视探测；2020年7月23日，中国首次火星探测任务天问一号探测器成功发射,迈出了我国自主开展行星探测第一步;2021年4月29日中国空间站天和核心舱发射成功,标志着我国空间站建造进入全面实施阶段,5月15日天问一号成功着陆火星,22日祝融号火星车驶抵火星表面并开展科学巡测,标志着首次火星探测任务取得圆满成功,29日天舟二号货运飞船成功发射,30日天舟二号货运飞船与天和核心舱完成自主快速交会对接,6月17日神舟十二号载人飞船发射升空,与天和核心舱完成自主快速交会对接,三名航天员先后进入天和核心舱,标志着中国人首次进入自己的空间站。目前,中国已具备运载火箭、各种应用卫星的研制能力及发射能力,在世界高技术领域占有自己的一席之地。在核工业方面,我国不仅可以生产制造原子弹、氢弹,形成了我国的核威慑力量,同时,在和平利用核能方面,我国也取得了突破性进展。总之国防建设,它一方面是为防止外敌入侵,这是中国军人的最高责任、最神圣任务和最明确目标;另一方面是为提高综合国力,这是我国现代化建设的战略任务,是维护国家安全统一和全面构建社会主义和谐社会的必要之举。

以传统"御"艺为基,取其精华,去其糟粕,结合《中国学生发展核心素养》《关于加强和改进新时代全民国防教育工作的意见》中有关学会学习、责任担当、国防教育等的相关研究与论述,永丰中心小学将六艺之"御"作为校本课程,指对社会、生活、个人的驾驭能力。从国家发展来讲,它包括保家卫国、综合国力提升等方面。从个体发展来讲,它包括生活生存、自我管理、人生规划等技能。因此,在课程设计上,我们主要以日常生活劳动、综合实践活动、班队会、少先队会、国防教育等为内容,培养学生的自我管理能力、集体意识、团队协作能力和爱国主义情操,培育自律、自觉、自信、自强的永丰少年。

第五节　书为心画,博大精深

"古者八岁入小学,故周官保氏掌养国子,教之六书,谓象形、象事、象意、象声、转注、假借,造字之本也。"汉字独特的构形方式,使汉字的书写不仅是一种技能,更是一种艺术,这是其他任何一种文字都无法比拟的。朱子曰:"古之书者志于义理而体势存焉。周官教国子以六书者,惟其通于书之义理也。故措笔而知意,见文而察本,岂特点画模刻而已"。汉字的结构本来就是各种形象演绎出来的可视化符号，所以"义理"可以唤醒人们头脑中的形象意识，赋予汉字以"体势"，这种"体势"也可以理解为一种美的形式。在历史舞台上，书法与文字同步出现，商周之际又与教育制度实现结合，使"书"成为学校教育的重要内容、人的文化品格的重要标志。书为心画，博大精深，一笔一画地传承着中华民族不朽的智慧。永丰中心小学将带领少年们传承中国书法，写好中国汉字，做好中国人。

一、传统六艺之"书"的内涵

位于河南省舞阳县沙河之滨的贾湖史前聚落遗址，发掘出的龟甲、骨器、石器、陶器上，共发现了十多例契刻符号。这些图画符号的创造者，无疑是制器的先民。这就说明远在九千到七千八百年前的新石器时代，人们便开始使用具有一定独特特征的图画符号来记录事件、描述自然，虽然这些图画符号还不能算是真正的文字，但在人类社会生产生活变得日益繁荣复杂时，有很多事物和概念是无法用图画的方式来表述的，于是古人便开始在已有图画的基础上，对其进行改进，并赋予其特殊的意义，这便产生了最初的文字。许慎也曾在《说文解字·叙》中表述过同样的观点："黄帝之史仓颉，见鸟兽蹄迒之迹，知分理之可相别异也，构造书契。""仓颉之初作书，盖依类象形，故谓之文。其后形声相益，即谓之字。文者，物象之本。字者，言孳乳而浸多也。"

对于汉字的构造，古人称之为六书，最早见于《周礼》："养国子以道，乃教之六艺：一曰五礼，二曰六乐，三曰五射，四曰五御（驭），五曰六书，六曰九数。"东汉许慎在《说文解字》中，将"六书"解释为：象形、会意、指事、形声、转注、假借。清代著名语言学家戴震通过对汉字的深入分析和研究，认为汉字六书中，象形、指事、会意、形声四种为造字法，转注、假借两种为用字法，取名曰"四体二用"。比如象形字是把具体的物体以绘画的形式表现出来，形成文字，根据物体的不同，绘画的形式也不同，比如"日""月"二字；指事的汉字，一眼看上去就可以大体认识，再仔细观察便能发现其意义所在，比如"上""下"二字；会意字是用两个或两个以上的文，合并起来表义，以表现该字所指向的事物，如"武""信"两字；形声字是用与字义所表事物有关的字来作形符造字，取比拟新字读音的字，即读音与新字相同或相近的字来跟它合成新字，如"江""河"二字；转注就是用一个部首来统率部内的字，意义相同的字之间可以互相解释，如老部内的"老"和"考"字就是这样；假借就是对于这个语言来说，本来没有专门为它来造字，但是在书写的时候，借用另一个同音字来表示，"令""长"之义便由假借而生。

"六书说"是最早的关于汉字构造的系统理论，大约反映了战国末到汉代以及后世人们对于汉字结构和使用情况的认识，对于汉字的演化和发展起着重要的指导作用。这一点，我们可从各个历史时期汉字的书法之美得到验证。

商代甲骨文因文字镌刻、书写于龟甲与兽骨上而得名，记载的是盘庚迁殷至纣王间二百七十年的卜辞，是中国最早的书迹。从甲骨文的字形来看，中国书法的用笔、结字、章法等在商代已有了一定程度的发展。首先，由于甲骨文多为刀刻，无法保持毛笔的笔法和笔画结构，所以它的用笔线条较细瘦，笔画多方折，显得既瘦劲坚实、挺拔爽利，又富有立体感。这对后世篆刻的用笔用刀具有较深的影响。其次，从结字而言，一方面甲骨文多以长方形为主，间或少数方形，具备了对称美或者一字多形的变化美；另一方面，甲骨文在结字上还具有了方圆结合，开合揖让的结构形式，有的字还具有或多或少的象形图画的痕迹，蕴含着文字最初发展阶段的稚拙和生动，为后世汉字研究提供了可靠的历史资料。最后，从章法上看，甲骨文虽受骨片大小和形状的影响，但整篇行款清晰，文字大小错落有致。每行上下、左右虽有疏密变化，但全篇能行气贯串、大小相依、左右相应、前后呼应，形成一种活泼局面。此外，在篇章布局上，字数多者，全篇安排紧凑，给人以茂密之感，字数少者又能彰显疏朗空灵之内蕴。这一特点，在后世书法作品中均有继承。

周代金文是指铸造在殷周青铜器上的铭文，又因为这类铜器以钟鼎上的字数最多，所以又叫"钟鼎文"。金文书法是在甲骨文的基础上产生的，一般称为大篆或籀书。因其是按照墨书的原本，先刻出铭文模型的陶范，再翻范铸造出来的，所以，商周的金文实际上是一种墨书的书法艺术。如武王时的"利簋"，字体平易古朴，笔画方圆兼备，具备凝练平直之气，开创了西周金文书法的先例；康王时的"大盂鼎"，书法凝练奇古，雄伟挺拔，遒劲华丽，用笔轻重明显，突显了金文的独特艺术，其拓本、摹本至今仍被书法大家所珍视。从现有的汉字研究成果来讲，金文的发展促进了书法艺术的发展。它改写了长期以来的"谈书法只能从隶、楷书始"和"魏晋南北朝以后才有真正书法艺术"的传统认识，并把中国书法艺术的历史推溯至3000多年前。

秦代小篆，是在秦始皇统一中国后，推行"书同文，车同轨"，统一度量衡的政策下产生的，是我国汉字的一大进步，也是汉字发展史上一个重要的里程碑，为后来楷、隶、行、草诸书的变革开辟了广阔的道路。小篆有的是铸造在铁器上，有的刻在石碣、石碑上，字有大有小，章法自然，结字端庄，分行布白工整。其中《泰山刻石》《琅琊刻石》尚有残部留存于世，为研究秦始皇石刻提供了宝贵资料。自秦以后，历代的书法家大都把秦篆奉为圭臬，取其修长的纵势为体貌。唐代李阳冰便是篆书者的楷模：起笔藏锋敛毫，行笔中锋，收笔多垂露，笔画停匀，讲究对称，字型方整，结体疏松古拙。

春秋战国时期的隶书，是为了适应当时社会发展对文字应用的要求，在篆书字体体系中进行了字形结构的简化和书写方式的简捷流便。隶变不光是为了提高书写速度，同时还蕴含着内在的书写运动态势，它更加符合人的生理运动轨迹。这是隶书在秦汉之交，随着政权的更替最终彻底代替篆书，而获得普遍应用的重要原因之一。隶书的出现是中国文字的又一次重大改革，汉字由象形走向了符号化，更重要的是它改变了汉字的书写方式和审美趋向，使中国书法艺术由此进入了一个新的境界，为楷书书法艺术的产生奠定了基础。隶书结体扁平、横画长而直画短，讲究"蚕头燕尾""一波三折"。到东汉时，撇、捺、点等笔画美化为向上挑起，轻重顿挫富有变化，更具书法艺术之美。同时，隶书的书写风格也更趋多样化，极具艺术欣赏的价值，书法界素有"汉隶唐楷"之称。但是，隶书这种独立品格和美学特征的形成，不是一朝一夕就可以完成的事业，它是一个漫长的过程，存在于四百多年的隶变过程中。因此，隶书的美学实质及其背后所蕴含的文化与精神内涵，是中国书法史研究的重要课题之一。

始于汉末，通行至现代的楷书，由隶书逐渐演变而来，更趋简化，横平竖直，也叫正楷、真书、正书。《辞海》解释说它"形体方正，笔画平直，可作楷模"。故名楷书。以唐楷为例，其代表人物有初唐的欧阳询，中唐的颜真卿，晚唐的柳公权。这三者的楷书是被公认的学书之正路。下面，我们来欣赏一下这三种楷书的艺术之美。首先，唐代大书法家欧阳询创作的楷书字体为欧体，其特点是方圆兼施，以方为主，点画劲挺，笔力凝聚。既欹侧险峻，又严谨工整。欹侧中保持稳健，紧凑中不失疏朗。其次，唐代大书法家颜真卿创作的楷书字体为颜体,他开拓了书法艺术的恢宏境界,"从特点上论,颜体形顾之簇新、法度之严峻、气势之磅礴前无古人。从美学上论,颜体端庄美、阳刚美、人工美,数美并举,幽为后世立则。从时代论,唐初承晋宋余绪,未能自立,颜体一出,唐书坛所铸新体成为盛唐气象的鲜明标志之一"。再次,唐代大书法家柳公权创作的楷书字体为柳体,他取匀衡瘦硬,追魏碑斩钉截铁之势,点画爽利挺秀,骨力遒劲,结体严紧。他的楷书,较之颜体,则稍均匀瘦硬,故有"颜筋柳骨"之称。书画之仪,以形彰美,中国汉字独具魅力,中国书法博大精深。

二、永丰六艺之"书"的内涵

中国书法,被誉为"无言的诗,无行的舞;无图的画,无声的乐",是中华民族独有的文化艺术,它记录了中华五千年的悠久历史和锦绣河山,与武术、京剧、中医学并称"四大国粹",自古以来便是中华民族的骄傲,它或舒展,或端庄,或清秀,或古朴,承载的是民族的自豪、国家的荣耀。而书法的学习不能单单只是书写技法的提升,更多的应是结合文化修养的整体提升,兼顾历史文学的学习。正如宋代黄庭坚说:"学书须胸中有道义,又广之以圣哲之学,书乃可贵。"人在全神贯注执笔书写的时候,因为毛笔软毫的特性,使用蛮力或虚力书写,都难以写出优质的线条笔画,也无法做到控笔得当。想要控笔得当,就要求书写者聚精凝神,在书写的过程中注意时刻调整和把控自己的呼吸节奏,全躯启动,力达笔端,注于纸上,力求能做到内心平复、气息平稳。以达到不思声色,不思得失,不思荣辱,心无烦恼,形无劳倦,使躯体和精神得以放松,自得其乐。因此,书法成为人们修身养性,陶冶情操的重要途径。例如穆宗皇帝问柳公权如何将书法写好,柳公权对曰:"用笔在心,心正则笔正。"其"心正则笔正"的"笔谏"也被世人传为佳话。汉代扬雄也曾说过:"字为心画",书法能够通过形象而又抽象的线条使欣赏者获得美的享受,也在一定程度上反映了作者的品性、修养和思想感情。如王羲之的"天下第一行书"《兰亭集序》,既是文学作品,更是王羲之的修养、才艺与书艺相互促进的升华。因此,书法练习既能培养学生严谨踏实的作风,还可以提高学生发现美、鉴赏美的能力,有益于学生良好人格的养成。鲁迅先生也曾说:"我国文字具有三美:意美以感心,音美以感耳,形美以感目。"书法艺术的形美是通过有规律可循的线条组合,使用书写工具,在纸上最终呈现的。每一个点捺都有生命的顿挫，每一根线条的流动都蕴含了人性之重量和质感。一笔一画间，都是书法者喜怒哀乐、悲欢离愁的真实表达。

书法如此，书籍也是如此。阅读，使文字有了永恒的价值。书籍中缜密的逻辑思维、深奥的思想内涵、崇高的精神境界，将伴随着一代又一代的阅读者播进世界的每一个角落。宋代朱熹在他的《性理精义·行宫便殿奏札二》中说："为学之道，莫先于穷理；穷理之要，必在于读书；读书之法，莫贵于循序而致精；而致精之本，则又在于居敬而持志。"意思是做学问的方法，首先要穷究事物的道理，而穷究事理的关键，一定在于多读书。读书的方法，没有比依循顺序而达到精妙的地步更可贵的了。然而要达到精妙的境界，则读书时要精神专一，注意力集中且能持之以恒，不懈追求。他以一种严谨的逻辑思维阐明了为学、读书和成才间的关系，其中重要的一点便是学之道，书为本。

"开卷有益"，书籍是前人劳动与智慧的结晶，它是我们获取知识的源泉。"读史使人明智，读诗使人灵秀，数学使人周密，科学使人深刻，伦理学使人庄重，逻辑修辞之学使人善辩，凡有所学皆成性格。"对于这句话，我们可以这样理解："人之才智但有滞碍，无不可读适当之书使之顺畅，一如身体百病，皆可借相宜之运动除之。""如智力不集中，可令读数学，盖演题须全神贯注，稍有分散即须重演；如不能辨异，可令读经院哲学，盖是辈皆吹毛求疵之人；如不善求同，不善以一物阐证另一物，可令读律师之案卷。如此头脑中凡有缺陷，皆有特药可医。"如此可见，有针对性地选择书籍类型或读书方式，对于培养和锻炼人在各方面的才能具有十分重要的作用。那么对于学校教育来说，老师可以就学生的学业情况来制订相应的阅读计划。对于家庭来说，家长可以根据孩子的爱好，为其借阅相应的课外读物，在丰富他的课外生活的同时，培养其热爱阅读的习惯。

"一本好书，可以影响人的一生。"每个人心中都有自己崇拜的英雄或学习的榜样，如军人、科学家、老师、英雄人物等。我们会通过阅读与他们相关的书籍、查找与他们相关的文史资料去认识他们。在这个过程中，我们会潜意识地将自己的思想和行为与书中所描述的人物形象进行比较，这在无形中便会提高自身的思想意识和道德素质。又或者，我们会带着成长的疑惑，到他们的人生经验中去寻找答案，获得为人处事，成长及成功的经验，为自己的人生指明方向。正如苏联著名教育家苏霍姆林斯基所说:"如果学生的智力生活仅局限于教科书,如果他做完了功课就觉得任务已经完成,那么他是不可能有自己特别爱好的。"因此,每一个学生要在书籍的世界里,有自己的生活。

"阅读虽然不能改变人生的长度,但可以改变人生的宽度。阅读不能改变人生起点,但可以改变人生的终点。"正是将阅读作为一件趣事,中华几千年来的文明才在古圣先贤的文字中得以延续和发展。一如孔子在《论语》中所说:"学而时习之,不亦乐乎",他认为读书是一件让人快乐的事;"三人行,必有我师焉",孔子虽博识多闻,但仍虚心求教,"学而不厌";他教人读书,"诲人不倦",以传道授业为己任,一生弟子三千,功成名就者多达七十二人。无独有偶,晋时陶潜对于读书更是有自我的见地,《五柳先生传》:"好读书,不求甚解,每有会意,便欣然忘食……"认为读书的要诀,全在于会意,而不是咬文嚼字,死记硬背。可见,读书其实是一件赏心乐事,其中滋味,只有真正爱书之人才能感同身受。

在莫言的很多文章中曾提到"用耳朵阅读"的问题。所谓"用耳朵阅读",是指听书听故事。莫言的大爷爷、爷爷都极善于讲故事,生产队的记工屋、冬天的草鞋窨子,都是人们谈古论今、讲故事的好地方。另外,集市上的说书人说的山东快书《武老二》,大鼓书里的《杨家将》《岳飞故事》以及茂腔戏里的帝王将相、才子佳人故事等,都令莫言着迷上瘾。看电影更不用说了,那时农村难得放一次电影,县里的电影队下来巡回放映,莫言和其他农村青少年一样,追着电影队跑,一部电影看好几遍,里边人物说的台词都能背诵,动作也模仿得差不多,电影队下次再来放这部片子,他照样看得津津有味。难能可贵的是,莫言看了小说,听了故事,看了电影,听了说书,都会回家给母亲、奶奶她们复述,讲给她们听,这是一个重要的环节,不可忽视。因为复述故事,就是一种语感训练,是一种再创作。在复述故事的过程中,难免会有忘记的地方,这就需要复述者继续往下编,自己也就变成了编故事的人。就这样,莫言从小练就了向别人转述故事、讲故事的本领。读书越多,转述得越多,编得就越多越好,由此达到了一种"读书破万卷,开口如有神"的效果,为他今后的写作打下了较为扎实的语言功底和讲故事的基础。

读好书,写好字,做好人。以传统"书"艺为基,结合《中国学生发展核心素养》《义务教育课程标准（2022年版）》《教育部关于中小学开展书法教育的意见》中有关人文底蕴、实践创新、书法教育等的相关研究与论述，永丰中心小学将六艺之"书"的内涵界定为书法艺术的学习与欣赏、阅读习惯与写作方法的培养，主要课程内容有函帖书写、篆刻印刷、诗词诵读、经典导读等。以书法练习和书法文化传播为主导，拓展以"书"为中心的非遗传承、经典诵读、名著赏习等相关文化传播，提高学生的阅读能力，拓宽学生的文化视野；提升学生的书法水平，陶冶情操，修身养性，培养勤于书写、善于表达且富有文化底蕴的永丰少年。

第六节 "数"有专攻，赋能未来

"周教六艺，数实成之。""数"作为中国传统六艺之一，其发展源远流长，成就辉煌。早在甲骨文中，就出现了"一二三四五六七八九十百千万"这些数字及进制，最晚到战国时，"数"这个字也已经出现，数量和几何的概念开始萌芽。尤其是随着商品交易的出现，人们逐渐具备了统一的计数方法和简单的计算技能。中国最早的数学专著《九章算术》中所涉及的内容都是与生产、生活实践相联系的应用问题以及应用问题的解决办法。在日常生活中，要储备粮食，就要知道仓库的容积；要修建灌溉渠道，就要计算渠道的长短；要进行土木工事，就要计算日程人工；要修订历法，就要测得日月的运行；要进一步深入太空，就要发展航天技术。容积的大小、路程的长短、人力的多少、日月星辰的运行、航天的技术……如此种种，都需要数字运用、数学知识、计算技能等来解决。永丰中心小学"数"有专攻，赋能未来，以"数"艺精神，发展"数"艺思想，带领师生在数理思维、科技创新等方面实现了零的突破。

一、传统六艺之"数"的内涵

数作为六艺之一，是中国古代学校教育的重要内容。它的主要功能除了解决日常的土地丈量、算账、收税等实际问题外，就是要计算天体、推演历法。因此六艺中的"数"，不仅指用于计算的九数，它还包括用于推演天理的术数。

所谓九数，东汉郑玄在《周礼注疏·地官司徒·保氏》中引有郑司农之言对其进行了详细解说，"九数：方田、粟米、差分、少广、商功、均输、方程、赢不足、旁要；今有重差、夕桀、句（勾）股也"。中国古代第一部数学专著《九章算术》，也对《周礼》九数的计算方法，进行了详细的解说，全书采用问题集的形式，收有246个与生产、生活实践有联系的应用问题，并依问题的性质和解法分成九章，即：方田、粟米、衰分、少广、商功、均输、盈不足、方程及勾股。其中每道题有问、答、术（解题步骤），有的是一题一解，有的是多题一解或一题多解。

方田主要讲述三个方面的内容：一是不同形状土地面积的计算方法，如"田广十五步，从十六步"，面积便是一亩；"又有圆田，周一百八十一步，径六十步、三分步之一"，面积便是"十一亩九十步、十二分步之一"。二是不同单位面积间的换算方法，如"广从步数相乘得积步"，答："以亩法二百四十步除之，即亩数。百亩为一顷。"三是分数的四则运算法。如"约分术：可半者半之，不可半者，副置分母子之数，以少减多，更相减损，求其等也。以等数约之"，等等。

粟米主要讲述两个方面的内容：一是谷物粮食间的比例折换，如："今有菽二斗，欲为豉，问得几何？"答："为豉二斗八升。"计算方法为"以菽求豉，七之，五而一"。二是商品单价与总价间的计算方法，如："今有出钱一百六十，买瓴甓十八枚。问枚几何？"答："一枚，八钱、九分钱之八。"如："今有丝一斤，耗七两。今有丝二十三斤五两，问耗几何？"答："一百六十三两四铢半。"计算方法为"以一斤展十六两为法，以七两乘今有丝两数为实，实如法得耗数"。

衰分主要讲的是比值在生产生活以及商品交换中的应用，如："今有生丝三十斤，干之，耗三斤十二两。今有干丝一十二斤，问生丝几何？"答："一十三斤一十一两十铢、七分铢之二。"计算方法为"置生丝两数，除耗数，余，以为法。三十斤乘干丝两数为实。实如法得生丝数"。

少广主要讲述了两个方面的内容：一是，已知面积、体积，反求其一边长和径长等，如："今有田广一步半，三分步之一。求田一亩，问从几何？"答："一百三十步、一十一分步之一十。"计算方法为"下有三分，以一为六，半为三，三分之一为二，并之得一十一为法。置田二百四十步，亦以一为六乘之，为实。实如法得从步"。二是，介绍了开平方、开立方的方法，如："今有积五万五千二百二十五步。问为方几何？"答："二百三十五步。"

商功主要讲述土石工程、体积的计算方法，如："今有方亭，下方五丈，上方四丈，高五丈。问积几何？"答："一十万一千六百六十六尺、太半尺。"

均输主要讲述了三个方面的问题：一是介绍政府如何利用衰分术合理摊派赋税的问题，如："今有人当禀粟二斛。仓无粟，欲与米一、菽二，以当所禀粟。问几何？"答："米五斗一升、七分升之三。菽一斛二升、七分升之六。"二是路程和距离的计算问题，如："今有兔先走一百步，犬追之二百五十步，不及三十步而止。问犬不止，复行几何步及之？"答："一百七步，七分步之一。"三是工作效率、比例问题等，如："今有池，五渠注之。其一渠开之，少半日一满；次，一日一满；次，二日半一满；次三日一满；次，五日一满。今皆决之，问几何日满池？"答："七十四分日之十五。"

盈不足主要讲述的是通过假设来计算盈亏问题的方法，如："今有善田一亩，价三百；恶田七亩，价五百。今并买一顷，价钱一万。问善、恶田几何？"答："善田一十二亩半，恶田八十七亩半。"计算方法为"假令善田二十亩，恶田八十亩，多一千七百一十四钱、七分钱之二。令之善田一十亩，恶田九十亩，不足五百七十一钱、七分钱之三"。

方程主要讲述了两个方面的问题：一是，方程术，即一次方程组问题。如"方程术曰，置上禾三秉，中禾三秉，下禾三秉，实三十九斗，于右方。……求上禾亦以法乘右行下实，而除下禾、中禾之实。余如上禾秉数而一，即上禾之实。实皆如法，各得一斗"。二是，正负术。如"正负术曰：同名相除，异名相益，正无入负之，负无入正之。其异名相除，同名相益，正无入正之，负无入负之"。

勾股主要讲述的是勾股定理及其应用。如"勾股术曰：勾股各自乘，并，而开方除之，即弦。又股自乘，以减弦自乘，其余开方除之，即勾。又勾自乘，以减弦自乘，其余开方除之，即股"。

古代数学起源于人类早期的生产活动，产生于商业上的账目计算需要。但在长期的生产实践中，智慧的先人，开始探索数字间的关系，并试图将其运用在对天文、历法的研究之中，其中著名的实例有：天文学和数学著作《周髀算经》、南北朝祖冲之编著的《大明历》等。

《周髀算经》原名《周髀》。"算经十书"之一，约成书于公元前1世纪。"髀，股也。"因书中使用勾股术进行天体运行里数的相关测算，又相传成书于周公，故称"周髀"。唐初规定它为国子监明算科的教材之一，故改名《周髀算经》，它在学术研究上有几个方面是十分值得肯定的，一是对于勾股定理的明确记载；二是精确测量了二十四节气中晷长的变化；三是对于地球上寒暑五带知识的记载。

《周髀算经》开篇便用周公与商高一问一答的形式，以勾股定理的证明为例，解释了数学知识的由来，周公问于商高曰："窃闻乎大夫善数也，请问昔者包牺立周天历度——夫天不可阶而升，地不可得尺寸而度，请问数安从出？"商高曰："数之法出于圆方，圆出于方，方出于矩，矩出于九九八十一。故折矩，以为勾广三，股修四，径隅五。既方之，外半其一矩，环而共盘，得成三四五。两矩共长二十有五，是谓积矩。故禹之所以治天下者，此数之所生也。"意思是说："数的产生来源于对方和圆这些形状的认识中。因此，当直角三角形的短边为三，长边为四时，弦便为五。勾三股四弦五这种关系是在大禹治水时发现的。"其次，《周髀算经》还根据不同时间竹影相对于竹竿的长度，来研究太阳的运行规律，并详细记录了日晷在八节二十四气中的长短变化，为后人的天文、物候研究以及生产生活提供了有力的保障。如《周髀算经》："凡为八节二十四气。气损益九寸九分六分分之一。冬至晷长一丈三尺五寸。夏至晷长一尺六寸。问次节损益寸数长短各几何。"算法如下："冬至晷长丈三尺五寸。小寒丈二尺五寸小分五。大寒丈一尺五寸一分小分四。立春丈五寸二分小分三。……小雪丈一尺五寸一分小分四。大雪丈二尺五寸小分五。凡为八节二十四气。气损益九寸九分六分分之一。"赵爽注："二至者，寒暑之极；二分者，阴阳之和；四立者，生长收藏之始；是为八节。"最后，《周髀算经》中还提到了大地上有不同的温度带，"中衡去周七万五千五百里。中衡左右，冬有不死之草，夏长之类。此阳彰阴微，故万物不死，五谷一岁再熟。凡北极之左右，物有朝生暮获"。所谓"中衡左右"，赵爽将其注释为"内衡之外，外衡之内"。它虽然没有明确说明寒暑五带的相关定义及确定的经纬度，但这一区域正好对应于后来经科学证明的地球寒暑五带中的热带，即南纬23°30′至北纬23°30′之间。也就是说《周髀算经》中所提到的"夏有不释之冰"的北极，"冬有不死之草""阳彰阴微""五谷一岁再熟"的热带等，是确实存在的。

《周髀算经》采用最简便可行的方法揭示了日月星辰的运行规律，囊括四季更替，气候变化，包含南北有极，昼夜相推的道理，给后人的生活作息提供了有力的保障。自此以后，历代数学家无不以《周髀算经》为参考，并在此基础上不断创新和发展。在《大明历》编定时，祖冲之便把岁差的概念引入历法的制定之中，大大提高了历法计算的精准度。所谓"岁差"就是由于地球在运行过程中受到其他天体的吸引作用，地球自转轴的方向发生缓慢而微小的变化。也就是说从这一年的冬至到下一年的冬至，太阳并没有回到最初的位置，而是每年往后移一点点，这也是引起二十四节气位置变动的根本原因。岁差概念的引入，让历法计算更为精准，有利于把握农时，合理安排生产作业，促进了社会文明的发展，是中国第二次较大的历法改革。《大明历》的另一个成就是改进闰法，将旧历中每19年7闰改为每391年144闰，使之更符合天象的实际变化情况。它首次提出月亮2次经过同一个交点的时间为27.212223日，与近代测得的"交月点"数据27.212220极其相近，使之更符合天象的实际。

二、永丰六艺之"数"的内涵

"数"是人们在长期的生产活动中，由于土地测量、商品交换、农时计算的需要，逐渐产生的。它所反映的是人们对于自然的认识过程和一种与时俱进的理性思维。我国古代把数学叫作算术，又称算学，最后才改称为数学。在学校教育中，数学作为一门重要的课程，教材内容取自学生的生活实际，将鲜活的生活素材引进课堂，从小问题引发学生对于科学知识与技能的兴趣探索。有关数学的课程性质，《义务教育数学课程标准（2022年版）》有如下描述："数学是研究数量关系和空间形式的科学。数学源于对现实世界的抽象，通过对数量和数量关系、图形和图形关系的抽象，得到数学的研究对象及其关系；基于抽象结构，通过对研究对象的符号运算、形式推理、模型建构等，形成数学的结论和方法，帮助人们认识、理解和表达现实世界的本质、关系和规律。数学不仅是运算和推理的工具，还是表达和交流的语言。数学承载着思想和文化，是人类文明的重要组成部分。数学是自然科学的重要基础，在社会科学中发挥着越来越重要的作用，数学的应用渗透到现代社会的各个方面，直接为社会创造价值，推动社会生产力的发展。随着大数据分析、人工智能的发展，数学研究与应用领域不断拓展。数学在形成人的理性思维、科学精神和促进个人智力发展中发挥着不可替代的作用。数学素养是现代社会每一个公民应当具有的基本素养。数学教育承载着落实立德树人根本任务、实施素质教育的功能。义务教育数学课程具有基础性、普及性和发展性。学生通过数学课程的学习，掌握适应现代生活及进一步学习必备的基础知识和基本技能、基本思想和基本活动经验；激发学习数学的兴趣，养成独立思考的习惯和合作交流的意愿；发展实践能力和创新精神，形成和发展核心素养，增强社会责任感，树立正确的世界观、人生观、价值观。"

在数学的教学过程中，我们不但要教会学生数学知识，更重要的是培养学生的数学思维方式，从而提升学生在观察分析、逻辑判断、知识学习技巧、生存技能等方面的能力，为学生终身的可持续发展提供条件。数学中的概念、定理、公式等，广泛地使用了逻辑推理，在学习过程中，学生只有较好地把握其中的逻辑推理关系，逐步地形成一种数理、规律的推断能力，才能很好地学好这门功课。在这一能力的形成过程中，学生要同时运用分析、综合、归纳、类比、抽象、概括、猜想等各种逻辑思维方式，才能得到自身期望的结果。

华罗庚先生曾说："宇宙之大、粒子之微、火箭之速、化工之巧、地球之变、生物之谜、日用之繁，无不应用数学。"正如先生所言，数学作为一种工具，在科学的许多领域，我们都可以看到它的影子。如在医学领域应用十分广泛的X线断层照相技术、磁共振、CAT扫描等，都是十分成功的数学应用的例子。发明家爱因斯坦曾经这样描述数学："为什么数学比其他任何一个学科都会受到尊重，就是其自身的命题是非常可靠的一种存在，并且不需要争辩和议论，数学给精密的自然科学以某种程度的可靠性，如果没有数学的话，这些科学也就达不到这种可靠性。"这是由于数学与其他学科间是一种相互作用、相互辅助的关系。牛顿和莱布尼茨在物理学研究中，发明了微积分，同时又利用微积分的概念解决了物理学中流体力学等相关问题。另外，在天文学的发展过程中，数学的作用不言而喻。一方面，在对于天体进行观测而收集得来的诸多信息，需要通过数学演算间接地进行推理，如各行星间的距离、天体运行轨道等。另一方面，由于观测的需要，科学家们需要借助不同的观测工具，而这些工具的制造离不开数学的精密计算。因此，从宏观上讲，数学也是一门研究数量、结构、变化以及空间模型等概念的学科。它主要运用逻辑思维能力、运算能力等，为科学做出贡献！

数学知识来源于生活，又服务于生活。在实际的生活中，我们往往要利用数学知识来解决一些实际问题，而且一些数学概念、语言已经渗透到了老百姓的日常生活之中，如人口普查、天气预报、客流量等。人口普查数据是国家很多方针政策、发展策略制定的科学依据。将人口的相关数据资料录入计算机，进行科学的统计、分析，了解各种文化程度人口的比重，制定教育政策；了解行业人口分布，制定或调整就业政策；此外，社会保障和福利政策、民族政策、老年人口政策等，也都需要根据人口资料进行研究。另外，随着大数据的出现，客流量分析也成为一种新的时尚。客流量统计分析，在购物中心、大型超市、公园、交通枢纽等场所的运用越来越普遍，社会关注度也越来越高，因为它既是一种重要的市场研究手段，也是一种重要的预警手段。如在商场的实际营业过程中，可以根据客流量的时段变化进行营业时间的调整和科学的营业员数量分配；在城市的交通系统中，交通管理部门，也会根据某一时某一地的客流量控制，有效防止人群拥挤、交通拥堵的发生。用数据和事实说话、用已知推测未知，用地图来反映复杂的数字和数据，甚至可以预测和模拟环境、社会问题，精准大数据和GIS（地理信息系统）起到了不可或缺的作用。天气预报里的气象图、森林火灾的风险等级图、买卖房子时房地局登记所用的地理软件、电力公司的电网路线图，都是GIS的"杰作"。

2018年11月9日，APEC中国工商理事会主席朱云来，在2018二十国集团（G20）智慧创新论坛暨GIC全球创新者大会，发表了题为《数字、经济、创新与文明》的演讲。他指出，"数字就是信息，也是一种方法，我们可以通过数字的方法来表征整个世界"。传承传统"数"艺之精华，结合《中国学生发展核心素养》《义务教育数学课程标准（2022年版）》中有关人文底蕴、科学精神、学会学习、实践创新等的相关研究与论述，永丰中心小学将六艺之"数"的内涵界定为数理思维、信息科技、自然科学等方面，锻炼学生的思维能力，提升学生的综合学习能力、应用知识的能力，培养善于思考、乐于创新、富有智慧的永丰少年。

第三章 探索创新，建构育人体系

　　鉴于古代"六艺"教育在我国传统文化中的独特作用，新时期我国许多学校将"六艺"作为校本课程内容进行研究。比如，沈阳市皇姑区岐山路第一小学，在"优化课程结构，建设特色课程体系"的课程改革中，借用古代六艺来统整学校的课程建设，从博行雅正·礼课程、博兴雅趣·乐课程、博弈雅健·射课程、博闻雅道·御课程、博文雅言·书课程、博学雅思·数课程六大课程体系，以培养"卓越美德、独立创新、勇于探索、身心健康、气质高雅、个性突出"的博雅少年。长沙市岳麓区博才寄宿小学的"六艺课程"体系提出了博才学子的六大特质为好身体、好习惯、小爱好、好汉字、好口才、好外语，并探索出课程实施的三大途径：在传承的基础上创新课程，以课程的思维研究课堂，用评价的转向促进课程创生。兰州市城关区一只船小学的"六艺"校本课程从习典、弘道、养艺、学术、砺身、善器六个方面开展了传统文化的学习。北京市昌平区职业学校借鉴古代"六艺"，构建了融食、礼、传、耕、创、数为一体的"劳动六艺"课程模型，精准对接劳动教育需求，挖掘劳动的传承性、操作性、时代性，培养学生正确的劳动价值观和良好的劳动品质。浙江杭州采荷第二小学设置"六艺"课程之文雅礼仪、和乐艺术、翰墨书香、思维探究、活力运动和异域文化等维度的新"六艺"课程。还有上海浦东新区海桐小学开发了系列国际化校本课程，建构了多维立体的国际化课程作为"六艺"课程的组成部分，如中西文化比较课程、外教课程、CLIL 课程、各种主题探究型课程等。重庆市涪陵城区教育办公室主持的"新诗教、新书教、新乐教、新礼教、新科教、新武教"小学六艺校本课程研究的课题，是立足于对传统文化的传承与发展的课程构建而提出的。南京市立贤小学提出的"新六艺"课程是从儿童交流与沟通礼仪、儿童乐理与美感培养、儿童合作与团队竞争、儿童领导力与探究能力、儿童对传统中国文化的时代解读、儿童自然科学和理性思维六个培养目标出发，从基础课程、活动课程、特色课程三个方面来实施。

各个学校的新六艺课程建设与传统六艺间均存在着清晰的传承关系，但又绝不是复古、照搬，而是结合时代特色、学校文化、学生发展，形成了一校一品的特色化建设之路，时刻服务于祖国教育事业的发展。很荣幸，永丰中心小学也是其中一员。

第一节　新六艺课程体系建设

英国教育家怀特海在《教育的目的》一书中说："每所学校都应该有自己的课程。这是因为体现一所学校价值思想，与学生发展相适应的课程是区别于他校的特质，而这种特质是成就优质教育的重要条件。"由此看来，学校课程的特色化与创新性应在于学校核心理念的表达以及育人目标的落实上。学校在建构高品质课程体系的过程中，应当紧紧围绕学校的核心价值观来整体规划、设计学校的课程体系，使其成为有灵魂、有生命的课程。为此，在课程建设中，永丰中心小学在"顺天性、明心性、蕴灵性"的办学理念和"全其形、正其心、扬其神"的育人目标指引下，结合"十二五"时期"传统与现代六艺文化内涵及实践研究的创新性转化"的课题成果以及《中国学生发展核心素养》的要求，对传统六艺进行创新。课程内容既有清晰的文化传承，又有鲜明的时代特点，通过对六大核心素养的校本化定位来发展古代六艺。永丰少年通过"新六艺课程"的学习，在这片沃土上"全情成长，自然绽放"，主动积极地走向公共生活，让未来"灿如夏花，丰若秋实"。

学校办学有办学理念的指引，同样，课程建设也要有课程理念的引领。在学校办学理念和育人目标的统领下，结合永丰中心小学若干年来"有关传统文化创新性转化"在学校的实践成果，新六艺课程体系建设以"修之以永　丰之以艺"为课程理念，致力于通过丰富多元的课程，为学生根植生长的能量，积蓄成长的力量，让他们在课程中积淀传统文化的底蕴，培养现代社会的文明素养，注入创新于未来的智慧，帮助永丰中心小学的每一个孩子寻找到自己的个性特色与节奏。然而什么样的课程润泽什么样的生命，唯有多元的、广博的、丰富的课程才能为学生创造更为开放、融合且多维的发展空间。因此，在新六艺课程目标体系的设定中，我们以"修之以永 丰之以艺"为核心，立足于多维的视角，以更宏观的层面，建立了学生成长的三维课程目标模型。

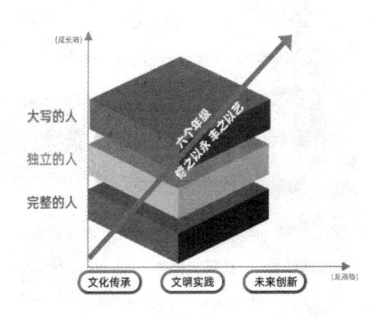

课程目标三维模型图

永丰中心小学的课程目标模型是一个三维立体的坐标系，其核心点在于"人"的发展，既尊重生命的成长规律，支持生命的可持续发展，又关注全面发展的横向均衡，从不同的维度培养人才。横坐标从人的发展视野，呈现三种发展维度：文化传承—文明实践—未来创新；纵坐标从人的生命成长出发，建立三段式成长阶梯：完整的人—独立的人—大写的人，同时将小学六个年级的培养形成紧密连接，渗透"修之以永 丰之以艺"的课程理念，呈现出层层递进、螺旋上升的态势。

学校"全其形、正其心、扬其神"的育人目标是新六艺课程建设的重要指标，它们分别指向生命成长的不同阶段和不同目标："全其形"指培养全面发展的人、完整的人，这是人才成长的基础，是第一阶段；"正其心"指培养有自主能力的独立的人，是人才成长的第二阶段；"扬其神"指培养有思想有价值的大写的人，是人才成长的第三阶段。每个阶段对应着不同的成长目标。

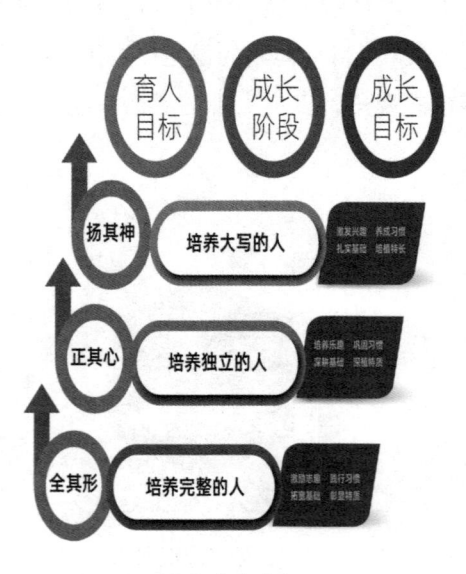

三段式进阶成长

立足当下，着眼未来。新六艺课程建设致力于学生的可持续发展，通过课程建设拓宽学生的发展视野，让生命更有宽度，这种视野包括传统的、现代的和未来的。在文化传承中，立德修身，励志自强；在文明实践中，健康成长、笃行致远；在未来创新中，幸福生活，造福社会。传承、实践、创新，课程体系建设跨越三大维度，从不同的方面，促进学生全面成长（表1）。

表1 课程体系建设的三大发展维度

发展维度	主要表现	具体素养
文化传承	传承传统文化，具有古今中外人文领域基本知识；能理解和掌握人文思想中所蕴含的认识方法和实践方法等	道德与成长 语言与人文
	汲取中华优秀传统文化的思想精华和道德精髓，具备高尚的品德和正确的价值取向，能传播弘扬中华优秀传统文化和社会主义先进文化	
	具有热爱党、拥护党的意识和行为，理解、接受并自觉践行社会主义核心价值观，有为实现中华民族伟大复兴中国梦而不懈奋斗的信念和行动	

续表

发展维度	主要表现	具体素养
文明实践	具有健康文明的习惯养成和生活方式，拥有积极健康的心理，对生命、生活有正确认知和理解，尊重生命、珍视生活，珍惜劳动成果	体育与健康 艺术与审美
	掌握一定的艺术知识、技能和方法，具有健康的审美观和审美情趣，拥有发现美、鉴赏美、创造美的能力	
	尊重劳动，具有一定的动手操作能力；理解技术与人类文明的有机联系，具有学习掌握技术的兴趣和意识	
未来创新	掌握适合自身的学习方法，能正确认识和评估自我，并根据自身实际，选择或调整学习策略，主动寻求适合自己的学习路径，学会学习	管理与责任 实践与创新
	具有好奇心和想象力，不畏艰难，大胆尝试，并积极寻求有效的解决办法；实事求是，态度严谨，能运用科学的思维方式认识事物、解决问题、指导行为	
	具有一技之长，能够通过诚实劳动，解决问题和改善生活；肯改进和创新劳动方式、提高劳动效率，能将创意和方案转化为有形物品或对已有物品进行改进与优化	

我国义务教育课程体系"以习近平新时代中国特色社会主义思想为指导，全面贯彻党的教育方针，遵循教育教学规律，落实立德树人根本任务，发展素质教育"。"坚持德育为先，提升智育水平，加强体育美育，落实劳动教育。""聚焦中国学生发展核心素养，培养学生适应未来发展的正确价值观、必备品格和关键能力，引导学生明确人生发展方向，成长为德智体美劳全面发展的社会主义建设者和接班人。"永丰中心小学以《义务教育课程标准（2022年版）》为思想指引，依据中国学生发展核心素养的三个方面六大素养，从五育融合、全面发展的角度，对核心素养进行了校本化的解读与表达，形成了"道德与成长素养""艺术与审美素养""体育与健康素养""管理与责任素养""语言与人文素养""实践与创新素养"六大课程素养，进而形成了"立于礼""精于乐""通于射""勇于御""博于书""明于数"六大课程群。

永丰新六艺课程体系图

在整个课程体系中，每一个课程群对应于学生不同方面的素养培养。立于礼课程群的核心是道德与成长素养，一方面立德修身，根植学生的优秀的道德与品质，具有国家意识、文化自信，尊重中华民族的优秀文明成果，传播弘扬中华优秀传统文化和社会主义先进文化，具有热爱党、拥护党的意识和行动；另一方面博文约礼，树立学生积极的人生观与价值观，有为实现中华民族伟大复兴中国梦而不懈奋斗的信念和行动，此课程群主要包括道德与法治、语文、礼仪教育、"小蜜蜂"公益等课程。精于乐课程群的核心是艺术与审美素养，通过积累艺术知识、技能与方法，形成发现、感知、欣赏、评价美的意识和基本能力，引导学生健康的审美价值取向，提升学生艺术创意与表现的兴趣与意识，此课程群主要包括音乐、美术、合唱、舞蹈、中国鼓等课程。通于射课程群的核心是体育与健康素养，主要任务是教会学生掌握适合自身的运动方法和技能，养成健康文明的行为习惯和生活方式，培养积极的心理品质，自信自爱，坚韧乐观，此课程群主要包括体育、足球、篮球、空竹、武术、乒乓球、射礼等课程。勇于御课程群的核心是管理与责任素养，一方面引导学生正确认识与评估自我，能依据自身个性和潜质选择适合的发展方向，能结合具体事项合理地分配和使用时间和精力，并在达成阶段目标后有持续行动的计划与动力；另一方面培养学生的劳动习惯、敬业精神与团队意识，能主动作为，履职尽责，对自我与他人负责，理性地行使公民权利，具有文化自信，坚决维护国家主权，此课程群主要包括劳动与技术、综合实践、博物课程、雅·微讲堂、红色研学等课程。博于书课程群的核心是语言与人文素养，一方面通过学习古今中外人文领域基本知识和成果的积累，提高学生以人为本的意识，能关切人的生存、发展与幸福等；另一方面培养学生的阅读能力与表达能力，能够理解和掌握人文思想中所蕴含的认识方法和实践方法，具有文化创作的兴趣与意识，此课程群主要包括语文、英语、书法、名著阅读、诗词诵读、写作等课程。明于数课程群的核心是实践与创新素养，一方面培养学生学习科学技术的兴趣与意愿，具有数理思维、工程思维等，能将创意和方案转化为有形物品或对已有物品进行改进与优化等；另一方面培养学生的数字化生存能力，能主动适应"互联网+""AI人工智能技术"等信息化社会发展趋势，具有改进和创新劳动方式，提高劳动效率的意识，此课程群主要包括数学、科学、信息科技、STEAM课程、魅力创客、故土教育、中国象棋等。当下，六大课程群的建设还有许多的不足之处，具体的课程内容仍在完善之中，未来也会有不断的迭代更新，以适应不同时期、不同教育背景下，学生终身发展、持续成长的需求。

依据人才成长不同阶段的需求，在纵向关系上，新六艺课程体系还将每一个课程群分为基础课程、特色课程和选修课程三大类。其中"新六艺课程"体系的基础课程，由国家课程和地方课程组成，面向全体学生，是有关德智体美劳的全面均衡发展，重在扎实学生发展的基础，让学生拥有基本的认知和学习的基础；它包括的课程内容有：语文、英语、数学、科学、道德与法治、信息科技、体育与健康、艺术、劳动、综合实践。新六艺课程体系的特色课程由校本必修课程组成，面向全体学生，侧重于丰富学生的兴趣与爱好，挖掘学生的潜能和特长，增加学生对于未来成长的选择权，满足学生个性化学习的需求和未来发展的需要；它包括的课程内容有：书法、空竹、足球、诵读、故土教育、礼仪教育、数学思维、民族音乐、雅·微讲堂、四敬课堂。新六艺课程体系的选修课程，由社团课程和综合实践课程组成，相比于特色课程，更加注重通过学科融合的形式，在合作、分享、质疑、探索、创新的过程中，提高学生的动手能力、实践能力和创新能力，培养学生发展需要的必备品格和关键能力；它包括的课程内容有：博物课程、国粹课程、STEAM课程、棋艺课程、木工课程。

"穷则变，变则通，通则久。"为了确保新六艺课程的落地实施，我校

修之以永 丰之以艺

从组织管理、教学实施形式等方面进行了改革创新。在原有管理模式的基础上，将原教科室改建成"研创中心"和"科培中心"，并成立5个项目部：新六艺课程研究中心、同根书院、"我yong争feng"劳动实践基地、雅·微讲堂、小蜜蜂校园文化工作室，形成了适合永丰发展的师资管理体系。

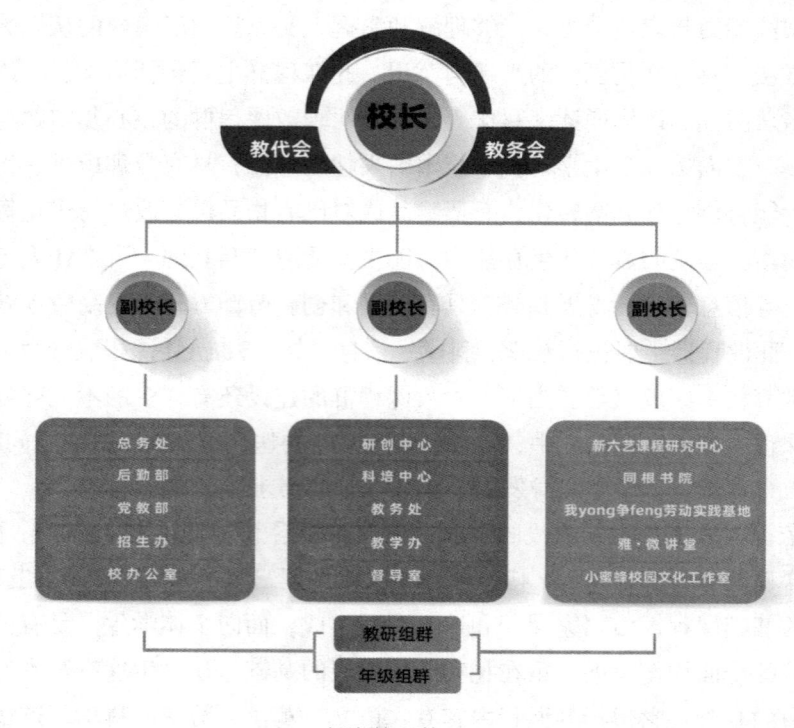

```
                        校长
              教代会    |    教务会
        ┌───────────────┼───────────────┐
      副校长          副校长          副校长
        │               │               │
   ┌─────────┐    ┌─────────┐    ┌──────────────────┐
   │ 总务处  │    │ 研创中心│    │新六艺课程研究中心│
   │ 后勤部  │    │ 科培中心│    │    同根书院      │
   │ 党教部  │    │ 教务处  │    │我yong争feng劳动实践基地│
   │ 招生办  │    │ 教学办  │    │    雅·微讲堂     │
   │ 校办公室│    │ 督导室  │    │小蜜蜂校园文化工作室│
   └─────────┘    └─────────┘    └──────────────────┘
                     │
                 ┌───────┐
                 │教研组群│
                 │年级组群│
                 └───────┘
```

师资管理体系

另外，我校一方面对教学的实施内容进行整合与优化，如将国家课程、地方课程、校本课程、社团活动和综合实践等门类有机融合、提质赋能，形成三大类型（基础课程、特色课程和选修课程）和六大领域（道德与成长、艺术与审美、体育与健康、管理与责任、语言与人文、实践与创新）的立体多元的课程体系，结束了学科门类繁多，混乱无序的状态；另一方面，我校在课程实施上还采用长短课和动态走班的形式，为跨学科学习提供了时间保障，在具体课堂教学中打造以生为本，自主开放，创新发展的课堂文化。长短课结合是指在保证现有课时总量不变的情况下，根据相关课程内容的特点和差异，适当地调整课时长度，如综合实践活动、跨学科联动课程为长课时，基础课程一般采用标准课时，而诗词诵读、阅读、手工等课程，则实行短课时。走班制的施行是为满足学生不同兴趣爱好、不同发展潜能的需求，通过打破班级、年级的界限，让学生根据自己的爱好与特长，自主选择课程，并与不同年级、不同班级的学生共同学习，共同成长。

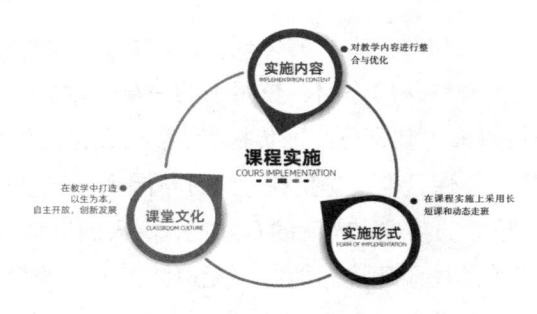

课程实施图

课程评价体系是永丰中心小学育人体系建设的重要组成部分，对于促进新六艺课程的目标实现、保障新六艺课程的实施效果等具有重要意义。永丰中心小学基于"新六艺"课程体系，建立了过程性评价与结果性评价相统一、互评与他评相结合的综合性评价体系。首先，在学生评价上，结合六大素养，为各个学科设立"道德之星""艺术之星""健康之星""管理之星""人文之星""创新之星"。学生在每个单项评价中达到优秀水平，即可获得一颗"进步星"，集齐一定数量后，便可换取学科之星。到了学期末，学校会根据学生获得的学科之星，依据标准评选出"六艺少年"，并发放相应的证书和奖品。其次在教师评价上，针对课堂教学情况，从教学目标的达成、教学活动的设计、学生学习活动的成果、师生互动等方面，对教师的教学工作进行评价，其评价结果将作为学校绩效考核、评优评先等的重要依据。最后，在课程发展上，为保证新六艺课程开发与实施的科学性与合理性，我们从课程研究的背景、课程开发的意义、课程目标的确立、课程内容的设计、课程实施的记录、课程评价的情况等方面，对课程进行评价，为课程的未来发展与优化提供方向。

"实践出真知"，在新六艺课程的改革与实施中，我们愈发认识到课程建设不仅是一个研究、实施的过程，还是一个不断创新、不断丰富的过程。修之以永，丰之以艺，在未来的学校发展中，只有教育者更加地脚踏实地、潜心研究、目光长远，学生的成长才会更加的丰富多彩，学生的羽翼才会更加的丰满、强壮。

第二节　学校文化环境规划与设计

校园环境是校园文化最为直接的体现，是润物无声的隐性育人课堂，在学校教育活动中发挥着特殊的作用。校园中的一草一木、一花一树、一山一石、一砖一瓦，都可以成为教育思想的传播者、学校文化的代言人，方寸之间，便可滋润人心，陶冶心性。鲁迅先生在《从百草园到三味书屋》中对"乐园"的描写："不必说碧绿的菜畦，光滑的石井栏，高大的皂荚树，紫红的桑葚；也不必说……"优美的校园环境总能以"无声胜有声"的育人效果，熏陶感染着师生，丰富净化着师生的灵魂。永丰中心小学以学校文化为基，播撒"立于礼、精于乐、通于射、勇于御、博于书、明于数"的种子，并辛勤浇灌、用心培育，从而形成了现如今"灿若夏花，丰若秋实"的校园之景。

永丰中心小学宏丰校区

六大素养，孕育希望。永丰中心小学的标志设计，是一个"丰"字的变形，"丰"字向外延伸的笔画既是生长的树叶，犹如少年蓬勃的生命力；也是泾渭分明的田地，象征孕育希望的沃土；更是学生成长的六大核心素养，象征着人才的全面发展，展翅飞翔。标志同时巧妙地将字母"F"融入图形设计中，学校的品牌名称自然呈现；一上一下两个字母"F"好似风向标符号，代表学校在学生成长过程中的指导和引领作用，象征师与生、家与校、教与学、身与心、知与行的两两绽放、双双精彩，并以一个音乐字符联合起来，让学校就像一座充满灵动音乐的美丽花园。纵横交错的线条，就像一片片田地，守护每一个孩子的成长；中间的三条线是学校三风的显现，也是穿越原野、滋润大地的河川。沃土厚实其中，川流奔腾不息，滋养生命，润泽成长，永丰中心小学是一片能让每一个孩子全然、全情成长的自然天地。

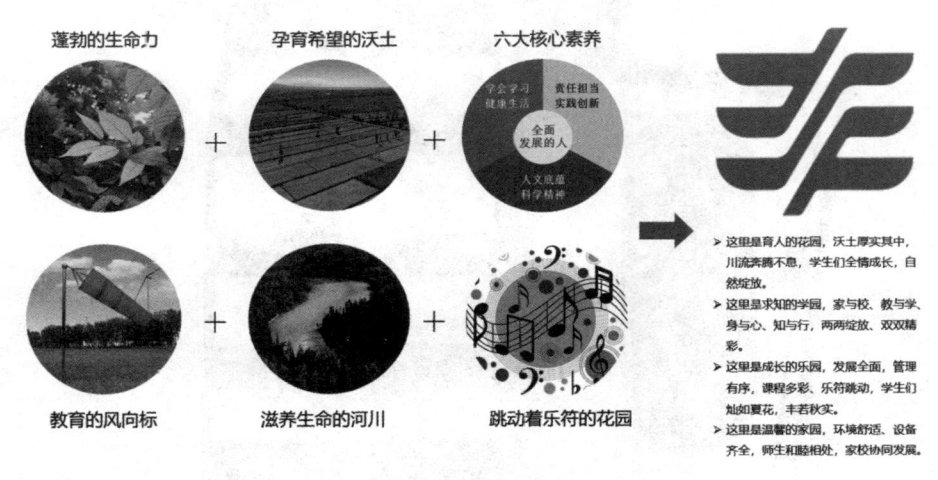

永丰中心小学标志设计

　　花开有时，丰收有季。根的魂、花的语、叶的思、果的行……自然形神饱满，全然绽放。让学生与时光同行，与自然相拥，春耕夏耘秋收冬藏，我们的教育关于爱、勇气、毅力、感恩……关于德、智、体、美、劳……"顺天性、明心性、蕴灵性"，培养学生正确的人生观，以科学的方法提高学生的智力水平，在实践中发展学生体能，锻炼学生的生活技能、学习能力、创新能力，提升学生创造美、鉴赏美的水平，"全其形、正其心、扬其神"。五育并举，全面发展。该视觉设计源于自然而高于自然，将教育既顺应天性又科学把握规律的特性，通过提取视觉元素所表达的文化内涵，将其进行艺术化、校本化地设计，呈现教育"全情成长，自然绽放"的爱与美好。

　　修身利行，秋登其实。"夫学者犹种树也，春玩其华，秋登其实，讲论文章，春华也，修身利行，秋实也。"秋实路是永丰中心小学的主干道，也

修之以永 丰之以艺

是学校课程型环境设计的重点所在，以"永丰新六艺"为内容的文化墙就像一颗颗明亮的珍珠，由秋实路串联成一条美丽的文明之链。

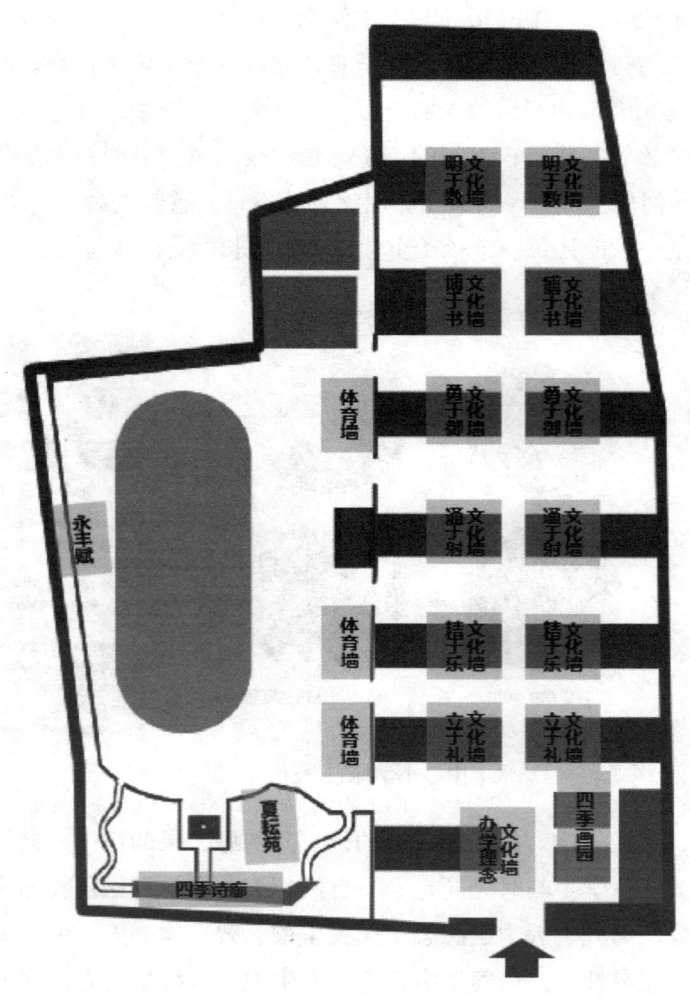

永丰中心小学宏丰校区平面简图

秋实路

　　赋春品夏，鉴秋赏冬。校门入口处四季画廊主题空间和四季画园主题空间，演绎着季节的更替，展示着孩子们灿烂的天性，更表达着生长的节奏与灵性；两个主题空间的宣传栏、木板、彩色铁链都为日后的布置留有极大的空间，预示着生长永不停歇、未来无限展望。自然中的永丰中心小学，扩充了感知的边界，放飞每一位师生的心灵。让人在感知自然风景的同时，感受生命的成长。四季的色彩：黄、绿、蓝、橙、红……自然的气息：灿烂、希望、萌发……永丰中心小学的全体师生，用爱与真诚，在这里筑起了一座清丽明媚、生机盎然的自然花园！

进校园左侧文化墙

修之以永 丰之以艺

四季画园

四季画廊

　　四季画园和四季画廊的设计，为学生们的书画作品提供了展示的平台，这里不但有色彩的激变与缤纷，也有文字的温馨与亮丽。在这里，学生个体与群体之间，可以有思维的碰撞与交流，可以有知识的共享、智慧的共赏与情感的交流；在这里，学生们可以与志同道合的朋友畅谈未来，可以在交流中重新认识那个更棒的自己；在这里，创意的种子在这里时刻被激发、思维的火花在这里时刻被点燃。我们可以说，这里是校园的一个动态活动场，它驱动着学生们的成长"活力",它绘制着学生们最美好的童年时光。

文明之路,六艺引领。十二面以古今六艺文化内涵阐释为内容的文化墙设计是秋实路上最引人注目的风景。传统六艺的阐释,在视觉设计上,使用古风剪影的形式,进行形象的刻画;在文字字体上,主要使用篆刻的形式。整个画面给人一种既典雅细腻,又喜闻乐见的感觉,我们所呈现传统文化的内容不是亘古不变的,而是散发着时代光芒的智慧成果,既符合当下的语言环境又彰显着传统美学。永丰新六艺的阐释,在视觉设计上,使用线条描摹的手法,刻画符合时代发展和社会语境的教育内容;在文字字体上,主要使用楷书阳刻的形式。整体风格与传统六艺文化墙的设计保持基本一致,呈现一种既有现代时尚感,又有传统文化韵味的视觉感受。古今结合,既简约又高级。

校园文化墙一隅

耘籽夏花,笔耕诗书。欣赏四时之景,品读四季之章,四季诗廊与夏耘苑的完美结合,于无形之中为师生提供了一个良好的耕读环境。这里既能让学生体会"晨兴理荒秽,带月荷锄归"的辛勤劳作,又能在"采菊东篱下,悠然见南山"的吟诵中体会诗人的怡然自得之情。"诗书传家远,耕读继世长",知诗书、达礼仪、学做人、学谋生,感受文化的力量,继世传家;体会劳动的光荣,创新未来。

修之以永 丰之以艺

操场南侧四季诗廊

"教育即生活","自然即课堂"。永丰中心小学将课程的元素融入学校文化环境的设计当中,形成课程型环境设计,让环境产生主动邀请孩子们进行自我探索、发现和学习的实用价值。正如苏霍姆林斯基在《公民的诞生》一书中写道:"我们为美而高兴,我们欣赏美。""在自然中需要用所有的感官去理解并且接受自然中各种美的形象。""人在人格方面的迟钝会导致人们看不到自然的美丽,一个人只有精神的所有方面都处于和谐之中时,自然之美才能成为情感、美学和道德的教育方式。对于青少年而言,自然之美能促进其对美的感知、情感的完善,更能帮助其感受人的美丽。"然而文化环境建设不是一蹴而就的事,既需要经过科学的规划和专业的设计,也需要师生的长时间的认真琢磨和共同凝练,这是一个漫长的建设过程。在这期间,我们曾经推翻了一个又一个方案,也曾针对某一个问题反复讨论,仔细论证,直到满意为止,因为我们知道学校的文化环境不是孤立存在的,对于学生的成长来说,它是一系列相互联系的过程和实践,与学校的课程、个人的学习、周边的环境、所在的社区,天然地联系在一起。如果用文学的形式将永丰中心小学的发展记录下来,《永丰赋》则可以很准确地反映一二。

"西山东望,永定北观,海淀腹地,京密渠畔,有此小学,宛若新星,冉冉升起,名曰永丰。一校三址,联袂比邻,麻雀虽小,五脏俱全。教育特色,是为自然。

"自然之境兮,永丰校园。居京城物华天宝之地,独得京郊之僻静;处海淀人杰地灵之所,齐聚五湖之子弟。无摩天广厦,而窗明几净;无车马喧嚣,而四面通达。绿树红瓦,'鳞鳞'而立,四季风景如画,自在堪比桃源。举目远眺,美哉!实乃兴学育人之佳地:京郊西北,上风上水,群山环抱,明珠暗藏,西接太行之余脉,东临渤海之浩瀚,北控燕山之要塞,南望中原之沃然。俯仰之间,学生净土,教师怡园。朝沐旭日,夕揽流云。群鸟啁啾,与琅琅书声相应;微风和煦,共翰墨书香齐飞。春,可于繁花覆野之时吟咏;夏,可于清渠微波之侧听蝉;秋,可于红叶香山之巅长啸;冬,可于大雪封门之夜静读,岂不乐哉?

"自然之教兮,永丰之志。教者,立国兴邦之本。千名异乡学子,四海接纳,宾至如归,奠修身齐家治国之基,实乃教育气度;百余青年才俊,八方汇聚,各显神通,尽传道授业解惑之事,可见校长胸襟。秉持夫子之训,因材而导,有教无类;承袭古人智慧,童蒙养正,学不躐等。治学应时,顺天明心蕴灵;育人如耕,全形正心扬神。乘国学之东风,荟萃名师育童子,学礼立人;扛国足之大旗,绿茵场上跃猛虎,报国强身。德,能爱己敬人,践行仁义礼智信;艺,能长袖飞天,习得琴棋诗书画。虽路漫漫修远,而自然之教与学无涯!

"恰逢盛会,借此良辰以抒心怀:永丰,实如沃土兮,生机盎然;润如清泉兮,滴水成川;勤如蜜蜂兮,寻因问果;自然绽放兮,桃李满园。《学记》有云:'化民易俗,近者说服而远者怀之',永丰坚守自然教育,全情教化,夏花永灿,秋实阜丰,可拭目待之。"

操场西侧校园文化墙

修之以永 丰之以艺

泰戈尔说:"好的教育,是让每一个人都踏入生活之河而毫无惧色。"而人的一生注定困难重重,让孩子学会挑战自然、挑战世界、挑战自我,这是成长的必经步骤。学校教育必须给孩子基本的知识与技能,让他们掌握一定的工具,毕业之后能够有基本的维持生存的能力,这也是数学、语文等核心学科的任务。但当学生们有了自己的兴趣和选择后,我们又要给予其足够的可自由支配的时间,使他能够在相应的领域得到充分的发展,达到一定的高度,形成自己的特长。这是未来世界,人才立足于社会的前提。同时,每一个国家的教育,首先是本国文化的传承,越是开放,越是全球化,我们越是需要在传统文化中汲取营养与精华,因此,在学校教育中,我们既要给予人才较宽广的视野,更需要给予成长来自文化的精神力量,让他们了解外面的世界,知道世界上其他民族的文化,明白其他国家的同龄人的思维方式。视野开阔之后,境界才能获得提升。胸怀天下的孩子,才能真正成为伟大民族复兴的中坚力量。因此,我们在环境建设中,既要重视文化之根的传承与发展,又要着眼未来世界的变革与挑战;既要传承自身文脉的发展,也要以更广的视野,去审视时代之变。

下篇　丰之以艺
——永丰中心小学新六艺特色课程开展的实践探索

立足时代所需，以核心素养培养为基，永丰新六艺课程的实施，既要培养学生登高望远的科学精神，又要塑造知书达理的人文理想；既要满足学生全面发展的目标，也要尊重学生个性化成长的需求；既要打破"把教材当作世界"的藩篱，又要树立"把世界当作教材"的思想；既要确保学生当下基本文化知识的学习，又要能够引领学生未来成长的方向。养正毓德，培养时代新人，永丰中心小学将永远坚守这样的教育使命，踏实地行走在课程改革的最前沿。

专题一　立于礼

"不知礼，无以立也"。永丰中心小学"立于礼"系列课程以"四敬课堂""雅·微讲堂"为载体，培养学生明是非、辨善恶、懂礼貌、知礼仪的良好习惯，注重提高学生的文化素养和文明素质，激发学生的爱国主义情怀和中华文化自信。

聚焦四敬课堂，传承礼仪文化
——一年级艺术课《手工剪纸》教学案例

一、教学目标

1. 培养学生发现美的眼睛，欣赏美的心境。让学生从心中学会欣赏和接纳，拥有欣赏和接纳之心，为敬人之心奠定基础。

2. 培养学生的语言表达能力、逻辑思维能力、合作能力和倾听能力，锤炼学生敬人、敬业和敬己的优秀品质。

3. 培养学生良好的生活习惯和敬物之心，懂得珍惜与尊重他人。

二、教学重点

1. 学生语言表达能力、逻辑思维能力、合作能力和倾听能力的培养。
2. 敬人、敬己、敬业、敬物等优秀品质的持续培养。

三、教学难点

1. 学会敬物，养成良好生活习惯。
2. 学会敬人，倾听和接纳他人的想法。

四、教学分析

1. 背景分析

德是礼的灵魂，情是礼的基础，敬是礼的纲要。儒家要求学者在所有的生活层面上展开"毋不敬"的精神。把敬的修养与修身，齐家，治国，平天下贯通起来。而学校推行四敬课堂，也正是在培养学生的敬人、敬己、敬业、敬物之心。如何让学生从小在心中大写"敬"字，也是值得我们去深思与研究的。因此在课堂中我们进行了初步的尝试与培养。因此，在小学阶段，于课堂中培养学生学会尊敬他人，尊敬自己，尊敬物品和尊敬学业，是教师现阶段的主要任务。

2. 学情分析

一年级学生入学前一般是以自我为中心的，孩子年龄小，自我管控能力薄弱，在家中备受家长和长辈的宠爱。因此，在"敬人"这一层面上，多数表现为能够主动与家人和长辈打招呼，但理解层次片面，行为表现单一。而"敬己"对于孩子们来说就很难理解了，学生不懂得什么是尊敬自己，因此总会出现一些推卸责任或者任意妄为的行为。而现在的孩子生活条件优越，对物品的珍惜不尽如人意，在刚入学的时候学生总会出现丢三落四，或者破坏公物及不珍惜物品的行为。而"敬业"对于孩子理解和付诸行动更是难上加难。那么，如何在课堂中渗透礼文化？让我们一起来看一看吧！

五、教学过程

1. 创设情境

欣赏剪纸，发现特点。

（投影1：手工剪纸，如建筑物、小动物、花卉。）

【设计意图：欣赏作品，认识图形，激发动手操作的兴趣。同时，在欣赏的过程中培养学生发现美的眼睛，欣赏美的心境。让学生从心中学会欣赏和接纳，拥有欣赏和接纳之心，为敬人之心奠定基础。】

2. 动手探究

（1）观看衣服制作过程

（投影1：展示书中的几张图。）

【设计意图：一方面通过介绍制作方法，拉近创意与生活的关系。另一方面，培养学生的倾听能力。倾听是对他人的一种尊重，是敬人的重要内容之一。】

师：请你猜一猜这位同学画的是什么？

师：为什么是小衣服？他画的和上面的为什么不一样？

（投影2：视频播放展开图案。）

（2）梳理制作过程

师：制作这幅图，你还记得刚才是怎样做的吗？

生1：要先对折后，画上图案，然后再沿着画线裁剪。

总结板书：对折—画—剪。

【设计意图：培养良好的梳理习惯，渗透敬业观念。梳理与反思是对工作的尊重。】

（3）动手做一做

师：两人一组，一人画，一人剪，完成这幅图案。画的同学检查剪的同学是否正确，剪的同学检查画的同学是否正确。合作完成后将物品放归原位，并说一说你的想法。

【设计意图：一方面，通过同桌合作，降低制作的难度，在相互的配合中接纳彼此，培养学生的合作能力和互敬精神。另一方面，鼓励学生大胆提出想法，提升学生的语言表达能力和思维能力，培养学生的敬业精神。最后，将物品归位，是对物的一种尊重，意在培养学生良好的生活习惯和敬物之心。】

（4）反思制作过程

师：如果想做得又快又好，在做的过程中要注意什么？请大家试着总结一下。

知识要点回顾：总结我们制作过程中对折要对齐，描线要像，要沿着折痕画，剪的时候要沿着线剪。

合作行为回顾：尊重他人想法，认真倾听组员的意见，汲取好的想法，提出自己的建议，促进小组共同提高。

【设计意图：让学生在动手操作后进行反思，尝试总结失败和成功的经验，培养敬业精神。】

3. 猜想验证

（1）看一半猜全部

两两一组，相互提问……

（2）看图想一半

出示多种图形，抽选不同的学生回答问题……

感受特殊图形的不同折法。

给予学生探索研究的空间，增强课堂的趣味性……

4. 拓展提升

（1）在不对称中体会对称之美。

（2）想象对称图形，并进行对折实践。

（3）通过本节课的学习，在知识和技能上你有哪些收获和体会？请和同学们分享一下吧。

六、教学效果

《手工剪纸》是"手工课中的礼仪"系列课程中的一课，在一个学年的实践与探索中，学生的上课状态发生了改变。上课中能够认真地倾听他人的想法。在尊重他人的意见同时，还能自信地展示自己的观点。

良好的生活习惯和倾听能力的培养，对于家庭教育也产生了良好的影响，在改善亲子关系的同时，也促进了家庭的和谐、和睦发展，真正发挥了家校携手，共画育人同心圆的正能量。

七、教学反思

1. 敬人、敬己，不能仅停留在打招呼上，而应内化于心，外化于行。课中的学具，甚至课后的学具，学生都能很好地收纳保管并珍爱使用。

2. 学生的学习，也在不断的反思总结中得以提高。小组合作时严谨地求证实践、认真地总结反思，学生们对学业、对求知的态度，是尊重，是敬重。

3. 四敬课堂给大家带来有条不紊的课堂和激情思维的碰撞。同学们不仅汲取优秀的思想，还展示精彩的自我。在尊重与被尊重中学会自重和互重，培养和发展了敬业和敬物的品质。

聚焦四敬课堂，传承礼仪文化
——三年级阅读课《尊重是一种美德》教学案例

一、教学目标

1. 学会敬人：通过朱德军长与战士们一同挑粮，引导学生懂得人与人之间是平等的，是要相互尊重的。

2. 懂得敬业：通过朱德同志白天挑粮，晚上工作到深夜的行为，引导学生懂得尽职尽责是一种美德。

二、教学重点

1. 理解什么是平等，什么是尊重。

2. 通过研读故事的发生发展过程，懂得尊重他人，理解平等是人与人之间最好的关系。

三、教学难点

引导学生懂得尊重需要平等。

四、教学分析

1. 背景分析

在班级中，有部分同学认为班干部们为大家提供服务，是理所当然的事情，不知道感恩，不懂得道谢，不尊重他人的劳动成果。同时，有的同学经常会戴着有色眼镜看待学习成绩差的同学，不爱和他们交朋友。针对以上情况，期待通过《尊重是一种美德》让同学们了解人与人之间的平等关系，每个人都有被尊重的权利。帮助他人时，要选择合适的方式，让对方易于接受；而当接受他人帮助时，就有义务向他人的劳动和付出表示谢意。

2. 学情分析

学生们聪明有礼，只是有部分同学比较调皮，但相信通过本课的学习，同学们一定会有所感悟，并在以后的学习和生活中，尊重他人，平等待人。

五、教学过程

1. 创设情境

师：当你看到好朋友与别人因发生矛盾而争吵时，你会毫不犹豫地去帮助他吗？

师：当看到一个低年级同学在打乒乓球时，你会大声呵斥"小孩，靠边，让我来打乒乓球！"吗？

教师总结：与人相处，要和谐平等，需要相互尊重。

2. 故事一以《朱德的扁担》为例

学生小声自由读全文，并思考：朱德夜里工作到深夜，为什么白天还要和战士们一起去挑粮？

（投影1：当时，朱德是军长，已经四十多岁了，可是每次挑粮他总跟大家一起去。）

师：军长下面有师长，师长下面有旅长，旅长下面有团长，团长下面有营长，营长下面有连长，连长下面有排长，排长下面有班长，班长还要管理10~12名战士。你能想到军长是一个多大的官职吗？

生：军长是很大的官。

师：同学们，下面让我们一起了解一下朱德军长。

（投影2：在新民主主义革命时期，朱德同志先后担任中国工农红军总司令、八路军总司令、中国人民解放军总司令，并在党内担任重要领导职务。朱德同志身经百战，历尽艰险，功勋卓著，在每一个重大关头都发挥了极其重要的历史作用，为推翻帝国主义、封建主义、官僚资本主义三座大山，实现中华民族的独立和解放，建立人民当家作主的新中国做出了杰出贡献。）

师：同学们，读了朱德的故事，你想用什么样的词语来形容他呢？

生1：朱德很伟大，很无私。

生2：朱德功绩卓著，是中华民族的英雄。

……

师：这样伟大的指挥官，他的言行，有哪些地方最让你感动？

（投影3：他摇了摇头，笑着说："吃饭有我，挑粮也应该有我呀！"）

师：同学们，对于这句话，你是怎么理解的？

生3：这句话说明朱德同志认为自己是和战士们平等的。

生4：朱德同志认为自己应当与战士们一起艰苦奋斗。

……

教师总结：朱德同志，身先士卒，以身作则，没有当军长的架子，因为在朱德心中，军长与战士是平等的，他十分尊重战士们。

3. 故事二以《这个规矩不能有》为例

师：这个短文讲的是彭德怀首长，谁能给大家介绍一下彭德怀呢？

生1：彭德怀首长是八路军的著名将领，是中国人民解放军的卓越领导人之一。

生2：……

（投影1：彭德怀同志是伟大的无产阶级革命家、军事家、政治家；中国共产党、中华人民共和国与中国人民解放军的卓越领导人之一；中国人民解放军的缔造者之一，中华人民共和国的开国元勋之一；1955年被授予元帅军衔和一级八一勋章、一级独立自由勋章、一级解放勋章。在中国革命的各个历史时期，彭德怀同志都担任共产党军队的高级领导职务，是毛泽东、朱德同志指挥全军的得力助手；他具有非凡胆略和精湛的军事指挥艺术，在国内外享有崇高的声望；彭德怀同志为党和人民立下的赫赫战功，永远载入中国革命的光荣史册。）

师：研读第七自然段，请同学们想一想，彭德怀为什么说这个规矩不能有呢？

（投影2："休息？休息为什么让我们进来？"彭总冲着所有工作人员说，"你们说，是不是你们把群众赶跑了？"）

师："休息？休息为什么让我们进来？"谁能把这个问句变成陈述句？

生3：休息，休息不能让我们进来。

师：你读出了什么？

生4：在彭总心中，他和群众一样，他们进公园，群众也应该进公园，这是彭总对群众的尊重。

师："你们说，是不是你们把群众赶跑了？"请把这个问句变成陈述句。

生5：你们说，是你们把群众赶跑了。

师：从这个反问句中，你读出了什么？

生6：我们是为人民服务的，但这是为人民服务吗？这是群众为我服务。

生7：这句话暗含的意思是，群众和我是一样的，我们是平等的，表达彭德怀首长对普通群众的尊重。

师：研读第九自然段。"为什么要这样做？这么大一个公园，我们来了，别人就不能来？这个规矩不能有！"

（投影3：为什么要这样做？这么大一个公园，我们来了，别人就不能来？这个规矩不能有？）

师：这个规矩是什么？（这么大的公园，我们来了，别人就不能来。）为什么不能有？

生8：在彭德怀首长心中，共产党员和群众是一样的，是平等的。

师：我们应当用怎样的语气来读彭德怀首长"为什么要这样做？"这句话？

生9：应用质问、斥责、愤怒的语气来读。

师：想一想"这么大一个公园，我们来了，别人就不能来？"是一种怎样的语气？

生10：应用生气、自责、无奈的语气。

师：再次阅读课文，文章中彭德怀的哪些言行让你备受感动呢？

生11：……

师：回忆你的生活中有哪些不平等的言行？可以谈一谈老师、同学、家长和身边其他人。

生12：……

4. **课堂总结**

（1）在日常生活中，我们要做到平等待人，要在态度、眼神、语气和行为上，时刻提醒自己，注意修正自己。

（2）对待比自己贫穷、愚笨、卑贱、丑陋的人，不轻视，不冷淡，应以热情、尊重的态度与他们相处，和他们交朋友。

六、教学效果

1. 同学们之间的关系更加融洽了，在学习上不仅能够相互帮助，相互交流学习方法，还形成了良好的竞争环境。

2. 同学们了解了什么是真正的尊重与平等，并积极地做到言行一致，在人际关系的处理上前进了一大步。

七、教学反思

人无礼，无以立。尊重他人，待人有礼，是中华民族的传统美德，在教育教学中，老师要始终将立德树人，培根筑魂放在首位。教学的过程也是老师与学生共同成长的过程，老师的一言一行都将对学生的终身成长产生深刻的影响。十年树木，百年树人。教师要充分发挥自身的行为示范作用。

心中有礼，外化成仪
——二年级校本课程《小餐桌，大礼仪》教学案例

一、教学目标

1. 懂得基本的用餐礼仪，并能在实践中做到。
2. 培养学生学习礼仪的兴趣，逐步让学生形成高尚的个人修养。

二、教学重点

1. 学会"敬己"，在上课之前做好课前准备（认真完成预习单）。
2. 懂得"敬人"，课上利用学生课前预习内容，提供充分的时间，有序组织学生小组讨论，并形成自己的观点与其他小组交流，其他小组学会倾听与交流。

三、教学难点

懂得"敬人"，课上利用学生课前预习内容，提供充分的时间，有序组织学生小组讨论，并形成自己的观点与其他小组交流，其他小组学会倾听与交流。

四、教学分析

1. 背景分析

有部分家长反映学生在家用餐时不仅挑挑拣拣，还爱咬筷子、磕碗边，不懂用餐礼仪。同时，在学校午餐时段，老师们也发现有的学生吃饭时狼吞虎咽，用过的餐桌一片狼藉，饭菜撒得到处都是；有的学生取餐时会拿着筷子敲餐盘……基于学生用餐时的种种不良现象，学校以中华民族的传统用餐

礼仪为参考，并结合永丰中心小学校本教材《礼仪教育》低年级读本中的第五单元"居家礼仪"中的第 2 课《聚餐礼仪》和第 3 课《用餐范例》的相关内容，进行了课程内容的创编，从而形成《小餐桌，大礼仪》一课。

2. 学情分析

本班共有学生 33 人，其中，男生 17 人，女生 16 人。中午在校进餐情况不是很好，有大声喧哗的，有边吃边玩的，有狼吞虎咽的，有吃完满嘴油的，有吃完不擦桌子的……由此可见，学生就餐礼仪知识缺乏，对不雅行为也没有意识。

五、教学过程

1. 视频导入，激发兴趣

（1）播放视频

师：同学们，今天老师首先来给大家看个小故事。小军是个调皮的孩子，中午吃饭的时候，看老师不留神，就插队到前面去把饭打好了，两分钟就吃完了饭，等老师下去检查的时候，同学们一看小军都笑了，因为小军的脸上还粘着几粒饭呢……

（2）你知道同学们为什么笑吗？

师：请你说一说小军的哪些做法不合理？

引导：吃饭时要关注尊重共同进餐的人（敬人：不贪吃）。

吃饭时要注意礼节（礼节：吃相要优雅）。

教师总结：民以食为天，我们每天一日三餐，其实吃饭也是有学问的。古语云：不以规矩，无以成方圆。习近平总书记在十八大时也提到了家有家风。那么，在我们自己的家庭中，父母告诉过我们一些吃饭的规矩。其实，这些规矩背后，藏着许多我们中国老百姓餐桌上的礼仪。今天，我们就一起说一说餐桌上的礼仪。

2. 自主探究、归纳整理

（1）组内探究用餐礼仪知识

①四人小组讨论：参照预习单，说一说你的哪位亲人告诉过你吃饭时的哪些规矩？（可以播放自己录制的采访家人的视频，也可以口述）如果发生过什么相关的小故事也可以给小组内的同学讲一讲。

出示小组合作要求：

a. 小组要分好工，集体讨论，组长负责组织讨论，有人负责记录，有人汇报。

b. 记录可以采用文字或图画的形式。

c. 汇报可以一人汇报，也可以采用多人汇报的形式。

②集体反馈交流：每组上台，把每条意见都贴在黑板上，各组互相补充。

（2）教师引导整理用餐礼仪知识

①学习古人的用餐礼仪。

观看小视频《弟子规》故事，介绍《礼记》中的"十四毋"：毋咤食（吃饭时不要发出声）、毋啮骨（不要啃骨头）、毋反鱼肉（不可将拿到的鱼肉放回盘子）、毋投与狗骨（吃饭时不可以把吃剩的骨头丢给狗吃）、毋固获（不要老夹同一盘菜）……

教师小结：从古人的教训中，我们的日常用餐礼仪大致分为两类，一类是"伤廉"（贪吃），另一类是"不雅"。

②将学生总结的用餐礼仪分类，全班交流。

一类：廉（不贪吃）。

二类：雅（吃相要优雅）。

③将"不雅"行为分为三类。

师：我们吃饭每个人都要用到"筷子"和"嘴"，你们找一找，你们的礼仪中有哪些是与"筷子"有关的？有哪些是与"口"有关的？（同桌交流）

与"筷子"有关：_____。

与"嘴"有关：_____。

其他：_____。

④教师补充用餐礼仪。

（3）情景剧

师：①今天，舅舅请李君去吃自助餐。哇，菜可真多呀！这可把第一次去吃自助餐的李君忙坏了。他飞快地跑去拿了餐盘，便迫不及待地装起菜来。每样菜看起来都那么好吃，不一会儿李君就把餐盘装满了。可他还不满足，一个劲儿地往餐盘里加菜。餐盘里的菜堆得像小山一样高。当盘子里再也堆不下菜时，李君这才艰难地端着餐盘回到座位。

②今天的餐桌上有明明最爱吃的鱼香肉丝，就餐时，明明用筷子在盘子

里翻来翻去，专挑盘子里的肉丝。

师：在两个情境中，你认为他们哪里做得不符合用餐礼仪？

3. 拓展提升，实际应用

（1）了解不同的用餐场合

过渡：众人拾柴火焰高，我们一起了解了更多的在家就餐礼仪，其实在生活中我们还会遇到很多不同的场合就餐，你能说一说吗？

（2）揭示讨论主题：刚才大家的讨论中，学校就餐是与我们生活关系最为密切的，要想做一个文明的小学生就必须懂得在校用餐的礼仪。学校用餐礼仪除了我们刚才说到的这些礼仪，还有哪些呢？

（3）欣赏视频并讨论

出示视频：吃饭时，狼吞虎咽，吃完饭，桌子上都是米粒。请大家欣赏一段咱们班近几天的用餐视频。（同桌讨论）

（4）学习小学生用餐礼仪儿歌

小学生，讲礼貌，就餐礼仪不可少。

用餐前，要洗手，细菌才能都赶走。

搬饭时，不能乱，你争我夺不雅观。

任务要，分配好，一齐动手多勤劳。

饭桌上，需安静，说说笑笑都不行。

不暴食，不厌食，均衡饮食才是好。

细细嚼，慢慢咽，食物才能都消化。

要勤俭，讲节约，盘中粒粒皆辛苦。

放饭时，有顺序，饭盒摆放要整齐。

用餐后，嘴边油，纸巾擦嘴水漱口。

好习惯，要培养，点点滴滴我做起。

既卫生，又文明，小朋友们礼仪行！

（5）说一说平时自己是怎么做的？可以是好的，也可是不足。（或说一说你的收获）

4. 课堂小结

（1）完成课后评价表。

（2）教师总结：大家在热闹的讨论中懂得了饭桌上的礼仪知识。不过，会说不会做可不行。我们要在平时的生活中做到、做好。我们在学校也应该做到文明礼仪处处在。讲文明，懂礼貌是中华民族的优良传统。让我们每个人都有一颗善良的心，从身边的小事做起，让礼仪之花在生活中灿烂绽放，让我们的校园永远生机勃勃，鸟语花香。

六、教学效果

1. 餐前，学生们会主动有秩序地洗手、排队取餐盘。

2. 餐中，学生们边说话边吃饭的现象大大减少了，而且光盘行动也进行得非常顺利，剩饭剩菜的现象几乎不见了。

3. 餐后，同学们会主动用擦完嘴的餐巾纸清洁一下桌面或地面上掉落的食物残渣，全员参与餐厅卫生的维护，给餐厅建设带来新的气象。

4. 据家长们反映，学生在家的就餐情况也得到了很大程度的改善，对于学校的要求能自觉遵守，并持续践行，有助于学生良好习惯的养成。

5. 学校有关"礼"研究中的四大方面"敬人""敬己""敬物""敬业"，在课程实践中得到了印证，也对学生的全面成长起到了重要的影响作用，为后续的持续研究，积累了非常丰富的实践实证。

七、教学反思

《彭林说礼》一书中谈到参加宴会的时候，最重要的是心中有"礼"，这样一来，我们内心深处对他人的尊重才能由内而外地表现出来。彭林认为《礼记》所说的"十四毋"，是十四失礼的吃相，古人把它们分成两类：一是"伤廉"，就是在餐桌上一味贪吃，而不顾别人还有没有的吃，由此有损自己廉洁的形象；而且，当贪吃的人面对巨大的财富时，恐怕也难以抵住诱惑。二是"不雅"，有些人吃饭的时候虽然不与人争抢，但看上去十分粗俗。

《礼记》中的"礼"有许多至今适用，但在教学中，教师不可以生搬硬套，应将其进行创新性转化，以身边的小事为例，与学生的现实生活相结合，用学生能听懂的语言、能理解的表达，开展教学活动。这样的课堂不仅生动有趣，学生参与度较高，而且易于学生身体力行，让礼既内化于心，又外显于行，达到良好的教学效果。

开笔启礼，礼润人生
——永丰中心小学"开笔启蒙，笃行致远"开笔礼活动

一、活动目标

1. 让新生们学习尚礼，感受"仁者爱人"的儒家文化，并立志做有理想的人、有德性的人、有文化的人。

2. 以中华经典润泽童心，规范学生行为，培养品德高尚、身正体端的永丰少年。

3. 开蒙启智，体会尊师孝亲、崇德立志、仁爱处世的中华传统文化，助力学生迈开学习的第一步，走好人生的每一步。

二、活动意义

中国是礼仪之邦，崇尚"礼"。故古人人生有四大礼，分别为开笔礼、进阶礼、感恩礼、状元礼，而开笔礼则是中国古代人生的首次大礼。开笔，是中国传统教育中对少儿开始识字习礼形式的称谓，俗称"破蒙"，是一种流传久远，并且融合了心理学的儿童启蒙教育形式。十余年来，永丰中心小学坚持举办开笔礼，期待通过庄重的仪式让刚入学的一年级新生真正感受到入学是人生中的一件大事，是开始学习、走向成才的起点，以此激励同学们珍惜读书机会、勤奋学习，同时又通过这种特别的方式弘扬中华民族优秀的传统文化。

三、活动地点

学校操场。

四、活动准备

一年级新生桌椅、毛笔、纸、朱砂、鼓、服装、黑板、音乐、PPT。

五、活动流程

1. 升国旗，唱国歌

主持人：学生1、学生2

生1：敬爱的老师，

生2：亲爱的同学们，

合：大家好！

生1：沐浴晨光，充满了新学期的希望。

生2：迎着秋风，激荡起跳动的心房。

生1：清爽的季节里，我们欢聚一堂。

生2：和谐的气氛中，我们共享这难得的时光！

生1：看，同学们的脸上洋溢着喜悦的笑容，想必心中都充满着激动。

生2：看，我们的教室换上了新的衣服，校园的花草也显得格外精神。

生1：今天，我们学校还迎来了一批新同学，现在就让我们和着音乐有请一年级新生入场。（随音乐，一年级新生入场）

生2：同学们，从现在开始这些弟弟妹妹就正式成为我们永丰中心小学的一员了，希望大家能成为他们学习上的榜样，生活上的帮手，让他们在永丰这个大家庭中度过充实、快乐的每一天。

生1：新的学期，让我们就在今天，就在这里一起放飞新的希望，新的理想。

生2：下面我宣布永丰中心小学2021—2022学年度第一学期"开笔启蒙　笃行致远"开学典礼——

合：现在开始。

生1：全体向右转，升旗敬礼、礼毕。

生2：唱国歌。

生1：我们中华民族有着悠久的历史和优良的文化传统，尊敬师长、孝敬父母一直是我们传承至今的美德。

生2："开笔礼"是我国古代一种启蒙学习仪式，目的就是想通过这种庄重的仪式，让一年级小同学真正感受到入学是人生中的一件大事。

生1：通过这种特别的方式激励同学们珍惜读书机会、勤奋学习、尊师孝亲，传承我国优秀的传统文化。

生2：下面我们进入一年级新生开笔礼环节，让我们掌声有请今天的礼仪主持王老师。

2.沃盟之礼，净手净心

（1）演礼

师：今天，我们在这里参加"开笔礼"，请同学们与我共同为了此次的

下篇　丰之以艺

仪式顺利进行,先了解几个重要的知识:

仪式中应保持安静、庄重,这是对入学的尊重。

仪式中应全程保持站立,头正,肩平,足稳!

仪式中会行揖礼,揖礼在古代是常礼。请同学们与我一同学习一下,女生右手在上,男生左手在上,双手合抱,手心向内;拇指内收,置于胸部下方,距身体一拳的距离。

女生右手在上 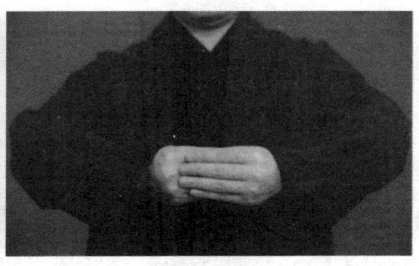　　　　　男生左手在上

行揖礼时,俯身推手,双手缓缓高举齐额(略高过眉心),俯身即为行礼,起身时,恢复立容即为礼毕。[15度(平辈见礼)、60度(长辈见礼)、90度(大礼)。]

平辈见礼 　　　长辈见礼 　　　大礼

开笔仪式正式开始,敬请观礼!

(2)播放历届开笔礼纪录片

师(旁白朗诵):泱泱中华,千载文明。文章精妙,圣贤辈出。经史流传,高歌以咏。桃李芬芳,千秋吟诵。兹有学童,齐聚永丰。家风清正,幼学诗礼。喜德行之无亏,长秉教化,知道义之将承。今日握笔始书,感恩立志。明心性,笃道德,以告四方。秉祖先之家风,承父母师长之恩德,以行正道,以报国恩。

天地见之！

师：沃盥净手是古人在做重要的事情之前，都要洗净双手，表示对事物的恭敬。净手静心！接下来，请同学们两两一组依次至前方行"沃盥之礼"。

学生要求：洗净双手后将手擦干，切勿将水溅于盆外，净手时保持安静，表达恭敬之意。之后安静回到自己的位置。

3. 正衣冠，行拜师礼

师：外正衣冠，内正心灵。童蒙之学，始于衣冠。先正衣冠，后明事理。现在请同学们跟随老师一起检查一下，首先是冠，然后是衣领、腰带、衣袖、整体等。

生整理衣冠。

师："子曰：不学礼，无以立。"同学们面前的这位长者，就是我国古代著名的思想家、教育家孔子，现在请所有同学们面向孔子，向大成智圣先师孔子行先师礼。

生行礼，礼毕。

师：接下来有请校长、老师就位，面向同学，请同学们看向现场的各位师长，举起右手，放在太阳穴的位置，跟我一起来念，我一句，大家一句。"我发愿：从今日起，永远真心地，尊敬老师，永远真心地，感激老师，永远真心地，爱戴老师。"

师：接下来，请同学们向老师行揖礼。

生行礼，礼毕。

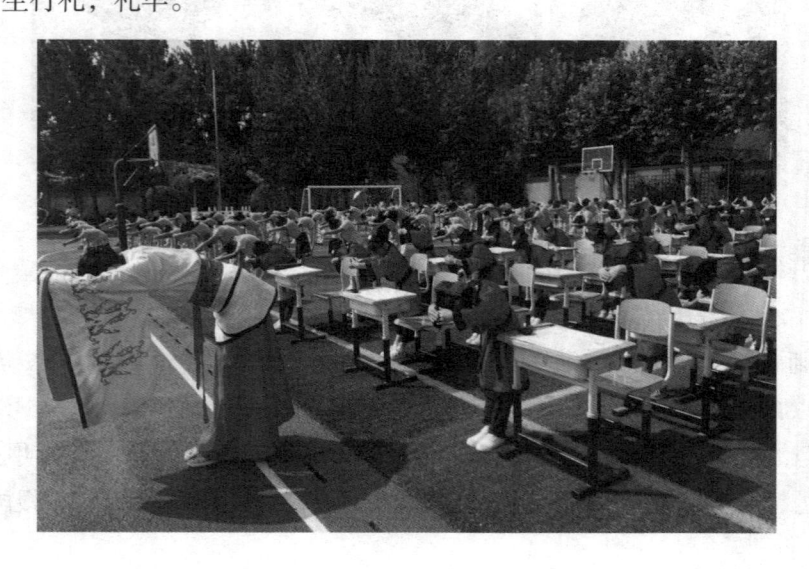

师：今天，我们向孔子、老师行礼后，就意味着我们正式踏上了学习之路。

4. 击鼓鸣志

师："子曰：三军可夺帅也，匹夫不可夺志也。"志是人的气节与人的根本所在，一个人如果在求学时能做到"志于道，据于德，依于仁，游于艺"，就可成为担当国家大任的栋梁，这样的仁人志士，则可以处于逆境而不折。鼓，为古代乐器。两军对战时，常用来击鼓壮志，激励军士们勇往直前。请同学代表击鼓鸣志。

师：一鼓，立德修身；再鼓，学而不厌；三鼓，见贤思齐。

师：请击鼓同学复位。

5. 朱砂启智

师："举臆发朱砂，为瑞应火德"，在古代，学子们在入学前会由老师和家长在孩子的额头正中点上红"智"，意为开启智慧之门。下面有请永丰中心小学的校长、老师为同学们开启智慧的大门。

宏丰陆校长、苑副校长、屯佃书记、贾主任、各班班主任等，用毛笔蘸上朱砂，在孩子的额头正中点上红"智"。以此寄托美好的意愿。

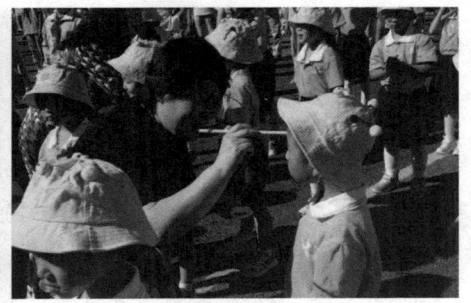

6. 启笔顿悟

师：人生聪明识字始！识字写字是学习文化的第一步，描摹笔画简单而意义深远的大楷的"人"字，也寓意着在人生的启蒙阶段，学习做人最为重要。今天，开笔礼的最后一个环节，就是请全体小朋友工工整整地写下一个"人"字。

先请校领导（校长）示范书写"人"字。老师帮助学生完成人字书写，不仅仅是指导学习写字，也是引导学做人。

师：感恩立志，握笔始书，以行正道，以报国恩。请同学们起立，举起手中书写的"人"字，开笔礼仪式，礼成！

7. 诗词诵读

高年级齐诵《梦想》，欢迎新生入学。

中年级齐诵《论语（节选）》，欢迎新生入学。

8. 师长赠良言

尊敬的老师、亲爱的同学们：

大家好！在这丹桂飘香、天高云淡的秋季，永丰中心小学迎来了168位可爱的小朋友，我谨代表全校师生欢迎你们的到来。

古时，"开笔礼"是极为隆重的典礼，对每个读书人来讲，都有着重大的意义，被称为人生四大礼之一。今天，我们结合时代特点，古为今用，古今结合，并有所创新地举行了以"开笔启蒙 笃行致远"为主题的开笔礼仪式，目的是通过这种庄重的仪式，让刚入学的一年级小朋友真正感受到入学是人生中的一件大事，是开始学习、走向成长的起点，并以此激励同学们珍惜读书机会、勤奋学习，同时又通过这种特别的方式弘扬我国优秀的传统文化。

正是基于这样的认识，在开笔礼中我们设计了"启笔顿悟"这一环节，从写"人"字开始，让同学们从入学伊始就知道要做一个正直的人、高尚的人、有修养的人、有文化的人、能掌握现代技术的人。而要做到这些就必须从入学的第一天开始，就要知书学礼、认真学习、奋发图强、学无止境。

合抱之木，生于毫末；九层之台，起于累土；千里之行，始于足下。良好的开端才能奠定成功的基础，愿今天的开笔礼能成为同学们一生都难以忘怀的美好回忆，更愿同学们通过今天的开笔礼，迈开学习的第一步，走好人生的每一步！

六、活动效果

一场简约而意义非凡的开笔礼仪式，启迪了孩子们的心智，引导学生树立远大的人生目标。新生入校后，会更加地遵守纪律，更加地虚心好学，奋发图强。与此同时，许多同学对于古诗词等经典读物十分地感兴趣，学校图书室的借书量明显增加。

七、活动反思

通过开展"开笔启蒙 笃行致远"开笔礼活动，学生亲身体会了中华优秀传统文化，感受到了中华文化的博大精深，了解与认识到了中国古代礼仪的庄重与优美。让一年级的新生有了一个良好的开端，培养了他们尊师重道、刻苦学习、传承中华五千年优秀文化的基本思想。

一年级新生入学，是学习的新开始，人生的新起点，通过开展此次活动，学生们认识到了入学是人生中的一件大事，"识字"是人生中的重要开端。同时，在活动中，从同学们那炯炯有神的双眼中，可以看出他们对于知识的渴望，对于中华优秀传统文化的敬仰与崇拜。这也反映出了，我们当前教育教学过程中的一些缺失，希望在以后的教学工作中，对中华传统美德的培养和教育更加深入与广泛一些。

宣扬传统美德，传承优秀传统文化，应从小抓起，从孩子做起，这不仅是我们教育教学工作的一个方向，同时也是我们教育学工作的一大亮点。

走进四敬课堂，见证大国风范
——四年级校本课程《丝绸之路》教学案例

一、教学目标

1. 学习张骞通西域的故事，了解丝绸之路开辟的艰辛过程，体会张骞的敬业精神，激发学生对于前人的敬畏之心。

2. 了解中国丝绸、中国瓷器在世界上的知名度，激发学生学习的兴趣和民族自豪感，培养学生的敬物之情。

3. 搜集资料，绘制古代丝绸之路线路图，深入理解古代丝绸之路对于中西文明交流的重要意义。

4. 结合新时代"一带一路"建设，了解大国建设的宏图伟略，培养学生热爱祖国的情感。

5. 建立丝绸之路与更多名言之间的联系，提高学生的语言应用能力和情感表达能力。

二、教学重点

1. 通过人物事迹描写，感受人物对于国家发展建设的忠勇赤诚，激发学生的敬人、敬业之情。

2. 通过了解丝绸之路的交易内容，理解丝绸之路的历史作用与重要意义，培养学生的敬物、敬己之情。

3. 以发展的眼光理解新时代"一带一路"建设的重要意义。

三、教学难点

1. 搜集资料，绘制丝绸之路线路图。

2. 对比丝绸之路，了解"一带一路"建设在当代世界格局建设中的重要意义。

四、教学分析

1. 背景分析

丝绸之路是古代中国迈向世界的重要一步，借此中华文明与世界文明相互连通，源远流长，这条通道见证了亚欧大陆持续数千年的贸易与人文交往。新时代中国传承和发扬"丝路精神"，创造性提出了以"共商共建共享"为原则的"一带一路"倡议。这个史无前例的庞大合作计划，建立在真正的多边主义原则之上，充分尊重各国主权安全、发展利益和文化传统，促进世界不同国家和地区在经济、文化、科技等多个领域合作交融。

2. 学情分析

学生们在观看了《河西走廊》系列纪录片后，对于丝绸之路上的人、事、物以及国家等，有了更进一步的认识与了解。在感受丝路美丽风光的同时，也极大地鼓舞了学生们的探索热情；在感受中国古代文化博大精深的同时，也树立了同学们强烈的民族自豪感，培养了学生们浓浓的爱国热情。趁热打铁，结合四年级学生的认知能力和信息获取能力，以短文《丝绸之路》为阵地，开展一系列教学活动。

在开课之前，教师为学生们设计了一系列自主选择的资料搜集与整理的任务单，如绘制丝绸之路线路图、汇总丝绸之路交易商品等。98%的学生积极性极高，利用休息日将资料整理得非常有条理；一部分学生还利用思维导图的形式为我们展示了商品的流通过程。基于以上准备，我们正式开始了《丝绸之路》一课的教学活动。

五、教学过程

1. 创设情境

（投影：出示丝路风光照片，并配乐《西游记》主题歌曲。）

师：有一条路，东起我国的汉唐古都长安，向西一直延伸到罗马。这条路，承载了无数的骆驼与商旅；这条路，传播了东方的古老文化；这条路，传承了东西方的友谊与文明。它是东西方文明交往的通道。今天，让我们一起随着一座古朴典雅的巨型石雕，穿越时空的阻隔，一起走近——丝绸之路。

2. 回顾课文，认识张骞

（1）了解丝绸之路。

师：有这样一条路，它跨越边疆，穿过沙漠，伴随着驼铃声声，这就是著名的丝绸之路。文中是这样介绍这条路的。（出示投影，指名读。）

（投影：原来，有一条横贯亚洲，以丝绸贸易为主的古代商路。这条路以我国当时的首都长安为起点，向西北延伸到地中海东海岸，辗转到达罗马各地。历史学家称之为"丝绸之路"。）

（2）出示丝绸之路的地图。

师：看，这就是丝绸之路，它绵延七千多公里，经过茫茫沙漠，翻越皑皑雪山，走过无尽的荒野。这条路倾注着一个人的毕生心血，他就是——张骞。

（3）同学们展示丝绸之路线路图。

师：请两位同学介绍自己对于丝绸之路的认识，也可以讲一讲自己对于文明交流、国际贸易的认识等等。

3. 走进丝绸之路，体会开辟的艰辛

（1）了解人物经历，发现文章写法。

师：上节课，我们初读了课文，并以小组为单位将张骞开创这条路的经历用时间轴表示出来，回顾一下。

教师小结：在这条路上，张骞整整花了13年的时间，作者正是选取了张骞的典型经历来写的。那就让我们走进张骞这几段经历。

（2）了解路的开创，发现人与路的关联。

走进经历，体会人物形象。

个人学习：默读课文5~8自然段，结合张骞的几段经历。集中思考：在开辟这条路上，你看到张骞怎样的精神？

独立思考完成后，四个人一组，各抒己见并记录在学习单上。

（预设：抗击匈奴——勇敢的张骞；被匈奴软禁——机智的张骞、坚强的张骞；逃脱之路——意志坚定的张骞；回到长安——忠诚的张骞。）

回顾经历，提升人物认识。

在开创这条路中，张骞被软禁在草原上11年，再次回顾这一段经历。

（投影：牧草由绿变黄，又由黄变绿；雁阵向南飞去，又从南方飞回。一转眼，就是十一年过去了。张骞学会了匈奴话，和匈奴人融洽相处；同时默记地形、道路、牧场、沙漠、泉水、水井的分布情况。他耐心地、不露声色地等待着，准备着。）

师：11年里，他看长河落日，大漠孤烟，脚下的牧草由绿变黄……终于有一天他等到了一个机会，于是张骞等人便马不停蹄地在人迹罕至的荒原前进。他们忍受着炎热和干渴的煎熬，穿过沙漠戈壁，翻过帕米尔高原白雪皑皑的山岭，终于到达了富饶的西域各国。茫茫沙漠，皑皑雪山，留下了他片片足迹，当年的健壮青年，如今满脸沧桑。他用生命谱写了一段传奇，在开创这条路的同时，也在书写着自己的人生之路。从此，他的名字与这条路紧紧连在了一起。

积累运用名言，引导学生感受路的意义。

师：如果有这样几句名言，你想把哪一句送给张骞开创的丝绸之路呢？

（3）体会"丝绸之路"的作用，发现表达方式。

建立路与人物的关联。

师：张骞用双脚和生命踏出的这条道路，他最终的希望是什么？答案就藏在课文中，请同学读一读。

结合资料进行补充。

师：还有哪些往来？

教师小结：在交流中，工业、农业及经济文化都促进了人类文明的发展进程。这样的表达简洁明了，直指主题。

4. 歌颂丝绸之路，建立文本语言关联

师：古往今来，人们对希望的追求永不磨灭，对带给我们希望的路不断开发，天路就是一条，作者又是怎样表达其作用的？

教师小结：这首歌曲调高亢，歌词优美，抒发赞美之情。

师：词作家用抒情的方式表达了对天路的赞美。让我们也用这样的表达方式，讴歌丝绸之路的作用吧。（请同学仿写对于丝绸之路的赞美之情）

5. 拓展交流，分享资料

师：除了今天我们认识到的丝绸之路和天路，你还知道哪些重要的路呢？

生：我还知道"一带一路"，它贯穿亚欧非大陆，是一条促进共同发展、实现共同繁荣的合作共赢之路。

生：我知道形成于秦汉，繁荣于唐宋的"海上丝绸之路"，它沟通两大洋，连接中国、东南亚、中东与非洲。

生：……

师：丝绸之路是古代中国迈向世界的重要一步，借此中华文明与世界文明相互连通，源远流长，这条通道见证了亚欧大陆持续数千年的贸易与人文交往。新时代中国传承和发扬"丝路精神"，创造性提出了以"共商共建共享"为原则的"一带一路"倡议。这个史无前例的庞大合作计划，建立在真正的多边主义原则之上，充分尊重各国主权安全、发展利益和文化传统，促进世界不同国家和地区在经济、文化、科技等多个领域合作交融。"一带一路"帮助发展中国家解决融资难题。据有关报道，全球基础设施投资需求达94万亿美元。照此趋势发展下去，发展中国家将陷入"没有钱就没法搞建设，没有基建就无法获得发展机会"的死循环。为帮助发展中国家获得发展起步阶段的必要资金，中国牵头成立亚洲基础设施投资银行，以多边体系推动国际金融合作，开发出适应性更强且灵活多样的融资方案；

亚投行与金砖国家新开发银行、丝路基金等已经成为国际投融资的主渠道。除了对抗贫困的突出贡献外，在新冠肺炎疫情在全球大流行的危急时刻，中国政府与"一带一路"沿线国家紧密协调防疫机制、共享防疫信息，为多国提供医疗物资、技术设备，派出多批医疗队伍支援防疫工作，帮助这些国家应对疫情挑战。这些都让更多国家看到，病毒没有国界，疫情不分种族，人类是休戚与共的命运共同体。

六、教学效果

绘制丝绸之路的过程其实是学生消化知识、应用知识与再造知识的过程。在这一过程中，教学真正实现了学科融合：阅读能力促使学生们更好地理解丝绸之路中的文明交流、贸易往来等，绘图就有了丰富的内容；艺术素养促使学生们以更生动、更美观的画面向他人展示意义非凡的丝绸之路；科学素养，使学生更加地严谨，在地图的绘制过程中，对于地理知识、经济往来等有了更深入的学习和研究，为学生们打开了知识的另一扇大门……

总之，在这两个课时的学习中，老师和同学们都能够全情投入，从不同的方面体悟到了中华文明的博大精深，中国人对于信念的坚定不移，同学们在此过程中对于敬人、敬己、敬物、敬业等，有了更深入的理解，并从自身的角度进行切身实践。

七、教学反思

1. 在以后的课程中，可以寻找一些相关的视频资源供学生学习，如纪录片《河西走廊》之类的，既能够激发学生的兴趣，也在一定程度上拓宽了学生的知识视野，对于后期相关课程的开展十分有益。

2. 在课前准备环节，给予学生的资料准备清单难度有些大，如果没有学生的积极配合，本节课在第二部分的教学环节是存在难度的，学生们很难理解开辟这样一条路是多么地有意义，多么地艰难……

3. 在拓展环节，由于时间关系，同学们展开叙说的时间不多，之后会在课前三分钟演讲环节，给同学们机会进行解说。

专题二 精于乐

"立于礼，成于乐。"永丰中心小学以音乐类、舞蹈类社团为载体，以悠扬的乐曲、健美的舞步，陶冶学生的情操，滋养学生的心灵。让学生感知美、创造美，在"全情成长，自然绽放"之中，成长为热爱生活、自信向上的永丰少年。

领略音乐之境，享受律动之美
——五年级艺术课程《春晓》教学案例

一、教学目标

1. 通过聆听，分析歌曲的音乐要素，为歌曲划分结构。
2. 在教师的引导下找到主题节奏型，并根据节奏型进行音乐活动。
3. 能够与同学较好地配合完成音乐活动，并适当地进行创编。

二、教学重点

1. 通过对歌曲《春晓》的学习，学生感受音乐与古诗的完美结合，并对以我国古典诗词为题材的现代音乐作品产生兴趣。
2. 体会不同的音速对音乐情绪和音乐形象所产生的作用。

三、教学难点

充分发挥学生的想象力和创造力，用自己喜欢的形式进行创作，表现自己心目中的《春晓》。

四、教学分析

1. 背景分析

在课标中，有关3—5年级学段的教学内容要求中有这样的描述：欣赏具有鲜明形象和主题思想、情感表现较丰富的歌曲、小型器乐曲、简单歌舞音乐、戏曲音乐等，以中国作品为主。体验音乐的情绪与情感变化，探究其变化原因。感受不同类型人声的音色，认识常见中外乐器，感受其音色特点。

增进对常见节拍音乐特点的感知与体验。感知、体验、了解其他常见音乐表现要素的特点，感知音乐主题与基本段落。了解不同地区、民族和国家的音乐风格、韵味。

2. 学情分析

五年级的孩子对于音乐活动有着极高的兴趣，并且能够通过音乐游戏领会其中的音乐内涵，达到教学目标，对音乐能力提升有很大的帮助。但由于平时此类音乐游戏开展得较少，学生们容易过于兴奋导致课堂纪律出现混乱，游戏进行时教学效率较低。

五、教学过程

1. 创设情境

（播放歌曲《春天在哪里》）

师：同学们，想一想，我们还可以用哪一种方式来赞美春天的美呢？今天，我们就来学习一种新的唱法。（出示古诗新唱）

师：同学们，我们可以想一想，在以往的学习中，有没有接触过这样的歌唱形式？

生：我听过古诗新唱《苔》。

生：我们之前读过《咏鹅》《游子吟》……

教师通过提问学生关于春天的古诗词，引出歌曲《春晓》。

师：那好，既然今天这节课的主题是"春"，那大家先回顾一下以前学过哪些有关赞美春天的古诗词？

生分别朗诵学过的有关春天的古诗词。

师：现在就让我们来学唱这首根据家喻户晓的唐诗改编的歌曲《春晓》。

2. 歌曲欣赏，划分结构

（1）初听后感受乐曲情绪及速度。

提出欣赏要求：在这首歌曲里面，你觉得与平常学过的儿歌有什么不一样呢？

提出问题：为什么作曲家要把合唱与古诗朗诵融合在一起呢？这样会产生什么样的效果？

欢快轻松的、稍快。描绘的是……的春天。

（2）再次聆听，为乐曲划分乐段。（截取歌曲的一半聆听）

设问：乐曲可以分为几个部分（乐段）？两个乐段。

（3）深度完整聆听，呈现详细结构图。

设问：完整聆听，这两个乐段分别出现了几次？出现的顺序是什么？

可用彩色磁力扣、字母、形状、数字等方式，学生自由选择。选派一名学生代表上前书写，教师对反复的乐段进行整理。

（4）提取主题节奏型。

设问：主题乐句同学们能唱两句吗？能不能试着把它的节奏型提取出来？带旋律演唱—去旋律演唱—换成"da"读节奏—提取节奏进行节奏卡片粘贴。

（5）学唱歌曲。

教师领唱，学生跟唱。

要求：随节奏晃动身体，感受节奏的平稳，速度要缓，曲调要流畅、柔美。

（6）增加表演。

歌曲中加入动作，丰富表演。

春眠不觉晓，处处闻啼鸟。（动作：听）

夜来风雨声，花落知多少。（动作：摇头）

全班合唱，合唱时伴奏并加入动作，可排练成节目。

3. 纸杯音乐活动

（1）每人对应一个纸杯，按照主题节奏型进行律动。引导学生小心使用纸杯。

（2）每人一个纸杯，在乐句结束处进行传递。（尝试向右和向左两个不同的方向）

先向右传递，再练习向左传递；第一乐段两次反复，传递方向分别为右—左。

（3）主题节奏型律动熟练后，针对第二乐段加入稳定节拍敲击纸杯底部的演奏。

师：小纸杯不仅是我们活动的道具，它还能变成一件演奏的乐器，请同学们小心地实验一下，你手中的纸杯能发出什么声音呢？

全班一同弹击稳定拍；按照顺序依次弹击，一拍一人，演奏过程中注意聆听音乐，强调稳定拍的统一。

（4）用手拿纸杯，单手进行律动。（根据时间随机调整）

4. 律动达人，分组创编

10人一组，自选纸杯或律动配合音乐进行活动。在学生创编前提出要求：

（1）结合身体律动。

（2）可挖掘纸杯发出的不同的声音。

（3）纸杯要变换主人。3~5分钟创编时间，之后进行分组展示。

5. 课堂小结

每一句诗都是一幅画，每一串音符又是一首诗，诗人用优美的文字，画家用神奇的画笔，音乐家用一串串音符带我们走入美妙的世界。感谢同学们，你们的歌声又一次让老师感受到了春天的美好。最后，让我们在美妙的歌声中结束这节艺术课吧！

六、教学效果

1. 学生能够划分出歌曲的结构，并提炼出主题节奏型。

2. 同学们能很好地相互配合完成纸杯的律动与传递。

3. 在小组进行创编时，能准确地表述自己的想法，并较具创意性、音乐性。

4. 通过本节课的学习，同学们对于咏唱诗词十分地感兴趣，极大地提高了学生学习和认识古诗词的范围和速度。

七、教学反思

本节课教学设计完全遵循孩子们对于知识的接受习惯，由于音乐较为抽象，所以教师运用了多种音乐游戏帮助学生了解和掌握歌曲的结构、节奏型的运用。探索纸杯更多的声音，以小组为单位创编表演时，极大地提高了学生们的创编能力。纸杯传递活动中还需要与同伴较好地配合，对于无法完成的同学的宽容和理解。专业知识与人格培养相互结合，起到良好的教育效果。

走进民族音乐，守护精神家园
——六年级艺术课程《茉莉花》教学案例

一、教学目标

1. 通过了解茉莉花的精神品质和音乐内涵，从而激发和培养学生热爱家乡、热爱生活、热爱自然和热爱民族音乐的情感。

2. 通过理解和感受音乐作品,培养学生的欣赏和审美能力。

3. 通过视听欣赏和对比分析作品《茉莉花》,使学生了解民歌的歌唱风格、表现形式等知识。

二、教学重点

通过欣赏、演唱、对比分析,感悟音乐作品的思想情感与艺术内涵,了解民族音乐的魅力所在。

三、教学难点

通过对比不同风格的《茉莉花》,培养学生分析和表现音乐作品的能力。

四、教学分析

1. 背景分析

《茉莉花》作为典型的中国民歌,18世纪末,曾被传到了欧洲、南美等地,并广为流传。意大利作曲家普契尼还将《茉莉花》的曲调用作歌剧《图兰朵》中女声合唱的素材。流行于江苏的《茉莉花》是人们最熟悉、旋律最优美的诸多变体中的一首。它曲调婉转曲折、节奏均匀平稳,旋律以级进为主,极富江南民歌清秀细腻的特征。

2. 学情分析

有许多学生喜欢音乐,如流行音乐、嘻哈,但是听唱民歌的较少,可以说几乎没有。"走进民族音乐,守护精神家园"系列课程的开设,旨在丰富学生的精神世界,引导学生的文化选择,树立学生的文化自信,共建中国人的精神家园。

五、教学过程

1. 创设情境

师:在2004年雅典奥运会闭幕式,一位中国小女孩站在预示着吉祥的大红灯笼上,在亿万观众的注视下,唱响了一首中国民歌。下面我们一起来欣赏一下吧!

(播放2004年雅典奥运会闭幕式片段)

师:同学们,你们听出来是什么歌了吗?

生：《茉莉花》。

师：在这举世瞩目的时刻，编导为什么选择了《茉莉花》这首民歌？我想同学们对此也一定有疑问吧？

提示：《茉莉花》具有浓郁的东方风情和中国特点，受到中国人民的喜爱并广为流传。今天我们就来欣赏几首不同风格、不同题材的《茉莉花》，共同来了解音乐作品中茉莉花的精神品质，一起去领略《茉莉花》这首歌的独特魅力吧！

2. 歌曲欣赏

欣赏不同风格的《茉莉花》：

聆听江苏民歌《茉莉花》，学生谈听后的感受（提示：优美、委婉）。

聆听河北民歌《茉莉花》，学生谈听后的感受（提示：刚直、爽朗）。

聆听东北民歌《茉莉花》，学生谈听后的感受（提示：豪爽、粗犷）。

引导学生说一说三首《茉莉花》在旋律和风格上各有什么特点？并用大屏幕进行展示。

生：东北旋律音调夸张、风趣，体现了粗犷、豪爽的地方风格。

生：江苏旋律音调清丽、婉转，体现了柔美、细腻的地方风格。

生：河北旋律音调明快，很具叙述性，体现了刚直、爽朗的地方风格。

师：在我国很多地区都流传着这首民歌，由于地域不同、历史文化不同，所以歌曲的音乐风格就不尽相同。其中江苏《茉莉花》最为著名，请同学们再来欣赏一遍，随着这优美的旋律，边打拍子边哼唱。

（播放维也纳音乐大厅宋祖英演唱会实况录像）

师：同学们，听完这样美妙的音乐之后，你此刻的心情是怎样的？

生：感到心潮澎湃，十分震撼。

生：我感到十分的自豪和骄傲，中国的民族音乐走向了世界舞台。

师：宋祖英的这场音乐会告诉我们，民歌不仅是中国的，同时也是世界的。小小的茉莉花不仅给我们带来了美丽的视觉享受，沁人心脾的嗅觉感受，也为我们架起了通向世界的友谊之桥，它在世界舞台上始终散发着迷人的芳香，传播着友好的声音。

3. 学唱歌谱

师：同学们，古人云，"高兴之余，当高歌一曲"。现在就让我们一起来学唱《茉莉花》吧！

（播放教学光盘音乐，出示歌词）

学生反复跟唱，感受音乐的旋律和节奏，试着清唱。

4. 歌剧拓展

师：同学们，《茉莉花》不仅受到了中国人民的喜爱，还受到了世界各国人们的青睐。早在100多年前，意大利的歌剧之王普契尼在他的歌剧《图兰朵》里，将《茉莉花》的旋律贯穿全剧，而这首中国民歌也随着这部歌剧而享誉世界。大家想不想和老师一起重温一下当时的情景。

（出示《图兰朵》的剧情介绍，播放《图兰朵》中《茉莉花》片段）

请同学们谈一谈观赏后的感受。

生：这段音乐听起来十分的深情，优美动听。

生：童声合唱，让人更感纯洁与宁静，旋律太有感染力了。

生：……

【设计意图：通过欣赏歌剧《图兰朵》，让学生了解这部歌剧更多的知识，拓宽学生的音乐视野，欣赏宋祖英的演唱，提高学生对《茉莉花》在世界音乐舞台地位的认识，激发学生对祖国民歌的热爱。】

5. 课堂总结

列夫·托尔斯泰说："音乐是人类情感的速记。"在这节课结束之际，老师想请同学们用自己动听的歌声，借助《茉莉花》的旋律将美好的祝福送至在场的每一个人，为我们这节课画上一个圆满的句号。

六、教学效果

学生清唱片段，由于时间限制，在下节课中，我们会就《茉莉花》的音调进行重点教学。

七、教学反思

音乐中的茉莉是芬芳迷人的，洁白的茉莉花代表着人们对纯真和谐的美好追求，或许正是这种亘古不变的追求，才使一代又一代的中华儿女从未舍弃对茉莉的歌颂与赞美。通过这节课，我深深地体会到了新课标中的一段话：通过欣赏，学生体验音乐的情绪与情感，了解音乐的表现要素、表现形式，感知、理解音乐的体裁与风格等，发展音乐听觉与感知能力，丰富音乐审美体验，深化音乐情感体验，提升审美感知和文化理解素养。通过"表现"，学生掌握声乐、器乐、综合性艺术表演所需的基础知识和基本技能，在艺术表现中表达思想和情感，丰富音乐活动经验，提升艺术表现素养。通过"创造"，学生对音乐及其他各种声音进行探索，综合运用所学知识、技能和创造性思维，开展即兴表演和音乐创编活动，表达个人想法和创意，提升创意实践素养。通过"联系"，学生将音乐与社会生活、姊妹艺术及其他学科加以关联和融合，并在欣赏、表现和创造等实践中结合相关文化，理解音乐的人文内涵和社会功能，开阔文化视野，提升文化理解素养。

因此，教师要善于应用生动活泼的教学形式，让学生在艺术的氛围中获得审美的愉悦，做到以美感人，以美育人。

童声献礼二十大，强国有我新征程
——永丰中心小学"2022年国庆节合唱比赛"活动案例

一、活动目标

1. 丰富学生的文艺生活，增强班级凝聚力，弘扬和培养爱国主义精神。
2. 通过歌唱新中国，弘扬民族精神，提高学生参与活动的积极性。
3. 激发学生的奋进意志，树立远大理想，鼓励学生用实际行动迎接二十大的胜利召开。
4. 锻炼学生的艺术表达能力，提高学生的艺术素养，培养眼中有爱，心中有国的永丰少年。

二、活动意义

听红歌嘹亮，唱最美童年。这是一场红歌比赛的音乐盛宴，也是一场生动的党史教育，更是同学们对祖国款款深情的表达。比赛不仅能够丰富同学们的校园文化生活，更是一次对同学们进行爱国主义、集体主义和民族精神的生动教育，激发了全体学生的爱国主义精神，引导他们传承红色基因，争做红色传人。

2022年10月1日是新中国成立73周年，在这举国欢庆的日子里，也即将迎来党的二十大。学校开展以"歌唱祖国歌唱党"为主题的合唱比赛，旨在提高学生音乐表现能力，提升学生综合素质，增强集体凝聚力及荣誉感，展现少先队员良好的精神风貌，培养学生的民族自信心和爱国主义情感。作为社会主义的接班人和预备队的少先队员们，将用自己的歌声赞美和祝福我们的祖国、我们的党。

三、活动地点

宏丰礼堂、屯佃操场。

四、活动准备

音乐及 LED 设备调试，演员催场备场，后台准备，道具，学生队伍备场安排，照相摄像，主持人、记分员、统筹人员。

五、活动流程

1. 升国旗，唱国歌

（1）升国旗，唱国歌。

（2）主持人致开场词，介绍到场嘉宾。

（3）校长致开幕词。

（4）学生代表宣读国庆节合唱比赛活动倡议书。

（5）负责教师介绍合唱比赛活动内容及形式。

2. 歌咏好年华，唱响中国梦

（1）一年级合唱曲目《一起向未来》

用音乐歌唱祝福，用舞蹈汇聚热爱，用歌声为中国与世界献礼，邀约大家一起迎接新的开始。一年级 1、2 班合唱的歌曲是《一起向未来》，虽然他们是学校最小的年级，但是他们个个精神抖擞，神情专注，用最美的歌声向伟大的祖国表达祝福。

（2）二年级合唱曲目《永远跟党走》

无论征程多么艰难和遥远，无论经历多少磨难和考验，无论过去、现在还是将来，中国共产党都将引领着我们走过风雨，走向更加灿烂辉煌的明天。二年级1、2、3班的同学们用动听的歌声为我们表演《永远跟党走》。

（3）三年级合唱曲目《没有共产党就没有新中国》

"没有共产党就没有新中国，没有共产党就没有新中国……"七十多年来，这首歌一直传唱在祖国大地，历久弥新，激荡着亿万中华儿女的心。它提醒着人们，正因为有了中国共产党，一个曾经积贫积弱的中国才走上了独立自主、日趋富强的康庄大道。

（4）四年级合唱曲目《我们都是追梦人》

"少年智则国智，少年富则国富，少年强则国强。"作为祖国的未来，我们是新时代的开拓者，我们不能做"中国梦"的观众，更应该是"中国梦"的"参与者和实践者"。我们应当从自身做起，好好学习，扎实基础，长大做一个对社会、对人民有用的人，成为一名合格的追梦人。

（5）五年级合唱曲目《强国有我》

新的征程上党旗召唤着我，我们的歌声从蓝天上飞过，奋发图强是对你的承诺。看那沃土结出理想的硕果，新的憧憬里党旗召唤着我。一颗颗红星，在眼眸中闪烁。

（6）六年级合唱曲目《我爱你中国》

祖国是一首抒情诗，祖国是一幅山水画。我爱我的祖国，那是我心底蕴藏着的一种最炽热、最真挚、最高尚的情感。面对伟大的祖国，我情不自禁地在心里深深呐喊：我爱你，中国！

3. 评比表彰

国庆节合唱比赛将评选出班级优秀组织奖和优秀指导老师奖。

六、活动效果

活动的开展极大地发挥了老师与学生们的艺术创编能力和表达能力，对于创造和谐、求知、进步的育人环境，具有十分重要的意义。另外在活动筹备及组织的过程中，各职能科室、各年级、各班级都高度重视，精细组织、周密安排，对于学校的统一部署、活动方案的制定、安全保障措施的提供等，提供了极大的支持与帮助，确保了各项活动的顺利进行。

本次国庆合唱比赛活动的举办，师生的参与面广，活动开展质量较高，让学生真正在活动中施其所长，在团队合作中协力成长，既展示了学生们积极向上，阳光健康的精神风貌，也为学生们的音乐才华、艺术天赋提供了展演的舞台。

七、活动反思

这是一场红歌比赛的音乐盛宴，也是一场生动的党史教育，更是同学们对祖国款款深情的表达。身着绿色迷彩服的少年们站立舞台，脸上洋溢着自信与朝气，他们用激情洋溢的歌声重温了红色岁月，飞扬的歌声吟唱了难忘的岁月，熟悉的旋律演绎了时代的烙印，唱出了对党、对祖国最真挚的情感。他们唱出了严整精神的军容军貌，唱响了对未来学校生活的希望，展示了少年蓬勃朝气和团队精神。

虽然本次活动取得了圆满成功，但是仍然存在着一些不足之处：如现场气氛的控制，有时太过活跃，有时却欢快不起来，而且坐场班级纪律的维护还有待提高，要充分发挥班干部的管理作用。但是通过此次活动，进一步增强了班集体的凝聚力和荣誉感，极大地激发了学生的积极向上的斗志和决心。

歌咏好榜样，唱响中国梦
——三年级艺术课程《学习雷锋好榜样》教学案例

一、教学目标

1. 通过阅读雷锋的生平简介及故事，学生了解雷锋的一生是为人民服务的一生，从而激发学生自觉地向雷锋叔叔学习。

2. 通过学唱《学习雷锋好榜样》，让雷锋精神在学生心中生根发芽、开花结果。

3. 通过音乐的旋律，感受乐曲所表达的思想感情，体会雷锋精神那种乐观向上、爱帮互助、无私奉献的时代内涵。

4. 学习雷锋精神，让雷锋精神伴随学生成长，并在新的时代持续发扬光大。

二、教学重点

1. 懂得雷锋精神永远不会过时，雷锋永远是我们学习的榜样。
2. 体会不同的音速对音乐情绪和音乐形象所产生的作用。

三、教学难点

1. 充分发挥学生的想象力和创造力，用自己喜欢的形式进行创作，表现自己心目中的"雷锋精神"。

2. 学会附点音符、休止符在音乐中的演唱。

四、教学分析

1. 背景分析

在新课标中，有关1—2年级学段的教学目标中有这样的要求：

（1）能体验音乐的情绪与情感，了解音乐的基本特征，感知音乐的艺术形象，对音乐产生兴趣。在音乐体验中唤起爱党、爱国、爱家乡的情感，初步具有乐观的态度以及对身边人的友爱之情。

（2）能积极参与演唱、演奏、歌表演、律动、音乐游戏、舞蹈、戏剧表演等艺术活动，积累实践经验，享受艺术表现的乐趣，在各种艺术实践中初步建立规则意识和合作意识。

（3）对音乐有好奇心和探究欲，能在探究声音和音乐的过程中表达自己的想法和感受。

2. 学情分析

三年级的孩子对于音乐活动有着极高的兴趣，爱唱爱跳，并且能够通过音乐旋律领会其中的音乐内涵，对品德培养、音乐素养的提升有很大的帮助。

《学习雷锋好榜样》这首歌已经传唱了五十多个春秋，影响了几代人，雷锋过去是、现在是、将来也永远是我们学习的好榜样。雷锋精神激励着一代代中华儿女立足岗位、艰苦奋斗，干一行爱一行，专一行精一行。

五、教学过程

1. 通过提问，导入新课

师：三月，春回大地，万物复苏，一片生机勃勃的景象。同学们，你们知道每年的三月五日是什么日子吗？

生：学雷锋活动日。

师：雷锋的一生虽然短暂，但是他的光辉形象却永远留在人们的心中。

今天，我们将要学习一首歌颂雷锋的歌曲《学习雷锋好榜样》，让我们接过雷锋手中的枪，争做新时期的共产主义接班人吧！

2. 欣赏歌曲，朗诵歌词

（1）播放歌曲《学习雷锋好榜样》，和同学们一起感受音乐旋律，理解歌词大意。

（2）朗诵歌词，教师讲解主题思想及创作背景。

《学习雷锋好榜样》成功地塑造了伟大的共产主义战士雷锋的光辉形象，颂扬了不朽的雷锋精神。据说该歌曲是作词家吴洪源仅用两个小时就写出的歌词，生茂在拿到歌词后经细细品味，一边谱曲一边歌唱，仅耗时一小时便完成了创作。

《学习雷锋好榜样》曲调纯朴简练，鲜明生动，将坚定、明快、刚健的曲调和浓郁的抒情气质结合起来，旋律在粗犷之中透露出一种淳朴的美。同时，曲作者还采用了齐唱歌曲的形式来谱曲，把歌曲写得鲜明、简洁、易学、易唱。该曲推出后受到广泛欢迎，一度深入城镇农村、千家万户，在中国迅速流传开来，几乎全国都在唱该曲。在每年的三月五日雷锋日，全国各地举办的活动中，该曲也成为主题曲。

（3）学生分段朗诵歌词。

3. 教唱简谱，随琴填词

（1）教唱简谱

分发乐谱，教师边弹钢琴，边一句一句地教唱简谱，重点提示附点音符、休止符在音乐中的演唱。

学习雷锋好榜样

吴洪源 词
生 茂 曲

（乐谱略）

（2）随琴填词

教师弹奏，学生随琴轻声跟唱歌词。可以分声部，分小组，反复练习。

4. 学唱全曲，集体合唱

试着学唱全曲，逐步熟练后，集体合唱。

5. 课堂总结

师：同学们，雷锋是我们心中的榜样，是我们学习的楷模，雷锋精神为我们指明了前进的方向——只要有一颗善良的心，一双善于发现的眼睛，一双乐于助人的小手，我们就一定可以成为合格的雷锋精神继承人。

少年强则国强，少年智则国智，少年雄于地球则国雄于地球。我们作为肩负着中华民族伟大复兴使命的时代新人，要继承并发扬雷锋精神，用一生的实际行动，去保管、经营、弘扬这笔民族的精神财富。就像毛主席所说："一个人的能力有大小，但只要有这点精神，就是一个高尚的人，一个纯粹的人，一个有道德的人，一个脱离了低级趣味的人，一个有益于人民的人。"

六、教学效果

在课程导入环节，我们重温了雷锋的故事，在感悟雷锋其人其事其精神的同时，顺理成章地为学生们展示了本节课的学习内容，明确了本节课的学习目标，学生们是带着感情、带着崇拜之情开展学习的。

在欣赏朗诵环节，学生们在教师的带领下以音乐的思维进入丰富的情感表达世界，从中领会词曲的创作意图，并在音调、节奏的起伏变化中，寻找情感的表达出口，感受情感和思想除语言之外的另类表达方式，既新颖独特，又颇具魅力。另外，同学们在朗诵的过程中，还会有意识地根据作词内容，有节奏地进行停顿，并从中感受乐律的奇妙，寻找着词曲与感情间的奥妙关系，十分生动有趣，并能够真正地形成共鸣。

在学唱全曲，集体合唱环节，进一步锻炼了学生的听谱填词能力，在学习乐理及发声的同时，同学们也在集体中学会了相互配合，相互衬托，很好地演绎了谦让、友爱的雷锋精神。

七、教学反思

雷锋的教育意义很深远，是很好的教育素材，但由于时代背景的差异，处于21世纪的小朋友，吃穿不愁，生活条件优越，很难理解那个时代雷锋身上那种艰苦朴素、无私奉献、乐于助人的精神。因此，老师运用音乐的魅力，在课前了解雷锋事迹的基础上，进行音乐赏析，在感人的旋律中，与学生产生共鸣，让雷锋的形象、雷锋的事迹更加贴近孩子们的生活，让孩子们从思想上真正地认识雷锋，感受雷锋精神。

本节课取得了良好的教学效果的同时，我们也在反思，在以后的教学中，有关偏离学生生活太久的人物或者人生道理，其实我们也可以应用音乐的手段，与学生一起在音律中感同身受，在跳动的音符中去寻找思想的真谛、生命的能量。

专题三　通于射

"仁者如射,射者正己而后发。发而不中,不怨胜己者,反求诸己而已矣。"永丰中心小学以武术、足球、空竹等社团为载体,补充和拓展学生的体育运动,锻炼学生强身健体的技能,培养学生成为思想端正、顽强坚韧、敢于拼搏的永丰少年。

传承射艺精神,发扬体育运动
——永丰中心小学"趣味运动会"活动案例

一、活动目标

1. 了解接力赛的活动流程,凝聚团队力量,激发学生的运动潜能。
2. 理性认知团队与自我的关系,明白"友谊第一,比赛第二"的道理,培养学生信任、合作、融合、沟通的能力和顽强拼搏、坚忍执着的精神。
3. 锻炼团队协作能力,提高学生们的体育运动竞技水平,增强身体素质。
4. 丰富学生的校园生活,促进社会体育文化事业的发展。

二、活动意义

为贯彻落实《中共中央　国务院关于加强青少年体育增强青少年体质的意见》,切实推动"全国亿万学生阳光体育运动"的开展,永丰中心小学以"趣味运动会"为载体,开展寓教于乐、丰富多彩的体育活动,既能激发学生参与体育活动的热情,又能带领广大青少年学生走向操场、走进大自然、走到阳光下,积极地参与体育锻炼。也为青少年创造了一个锻炼身体、展示自我、凝聚班集体的绿色空间。

三、活动地点

永丰中心小学各校区操场。

四、活动准备

1. 教师准备

（1）起点、终点设置，候场区设置等场地布置。

（2）检查器材，排除安全隐患，保证活动安全、正常进行。

（3）器材充气后，按使用顺序和位置分类摆放。

（4）单项成绩单、成绩汇总表、碳素笔、秒表、口哨、应急医药箱。

2. 学生准备

自备水杯、着运动装、穿运动鞋。

五、活动流程

1. 学生集合，做热身运动

预防运动创伤，激发学生的参与热情，营造良好的活动氛围，带领学生进行全身性身体练习，主要包括头部、肩部、胸部、腰部、腹背、腿部、膝关节和踝关节等。

2. 毛毛虫总动员

（1）讲解比赛规则

①比赛开始前，比赛器材必须放置在起跑线之后。

②比赛过程中，参赛学生不得越出其指定赛道，若有学生变道或阻碍某一队学生，将直接取消其比赛资格。

③比赛过程中，任何参赛学生不得脱离比赛器材。

④比赛过程中，比赛器材不得拖地行进。

（2）说明计分标准

裁判发令后开始计时，以各班最后一组返回起点，并将所用比赛器材按原位摆放好后，计时停止，用时少者则名次列前。如有违规情况，则在各队总成绩上追罚秒数，每次5秒。

（3）分组正式比赛

各班按要求分成若干小组，分别在起点和终点处的等待区等待。

第一组出发的学生，跨骑在充好气的比赛器材上，立于起跑线上，裁判发令后，学生提起充气毛毛虫，可持跨骑方式，在跑道上行进。

器材完全通过终点后，换下一组进入比赛区接力返回起点。

以此类推，各班最后一组返回起点，并将器材停放在原位后，此项完成。

3. 障碍接力跑

（1）讲解比赛规则

①裁判发令后才能出发，不得抢跑。

②比赛过程中，全体学生必须在比赛器材中进行，违规则追罚 5 秒。

③比赛过程中，如未按规定拨动器材，则追罚 5 秒。

（2）说明计分标准

裁判发令后开始计时，以各参赛队最后一组学生返回起点，并将器材按规定位置摆放好后，计时停止，用时少者则名次列前。如有违规情况，则在各队总成绩上追罚秒数，每次 5 秒。

（3）分组正式比赛

比赛开始前，每队 10 名学生按出发顺序列成纵队，立于起跑线之后。

裁判发令后，第一名学生出发，按顺序分别完成跨栏、钻洞、平衡木、飞跃龙门四项任务后，跑回起点。

与第二名接力的同学击掌接力，第二名同学出发，以此类推，最后一名学生完成任务返回起点后，计时停止，用时少者获胜。

4. 两人三足接力赛

（1）讲解比赛规则

①比赛开始前，每班第一组学生应立于起跑线之后。

②参赛两人相邻腿上的绑绳的位置不能高于膝盖部分，也不能低于脚踝。

③比赛过程中，参赛学生不得越出其指定赛道，若有学生变道或阻碍某一队学生，将直接取消其比赛资格。

④比赛过程中，若绳子脱落，哪里脱落哪里绑好再出发。若绳子脱落后仍行进，则视为放弃比赛资格。

（2）说明计分标准

裁判发令后开始计时，直至各班最后一组返回起点，计时停止，用时少者则名次列前。如有违规情况，则在各队总成绩上追罚秒数，每次 5 秒。

（3）分组正式比赛

各班按要求分成若干小组，将绑绳捆在两人相邻的腿上，分别在起点和终点处的等待区等待。

裁判发令后，第一组学生出发，在游戏过程中若绳子脱落，哪里脱落哪里绑好再出发。

第一组通过终点后，换下一组进入比赛区接力返回起点。

以此类推，各班最后一组返回起点，此项完成。

六、活动效果

通过趣味运动会，学生对室外拓展活动有了更多的了解，同样是接力赛，但是比赛的内容和活动规则却是多种多样的，提高身体素质的同时，也丰富了学生们的见识。另一方面，锻炼了学生的思维，学会了运用每个人的特质分配角色，保证每个人在班级中都能贡献自己最大的力量，从而使班级建设获得最大的能量。

通过比赛，学生们也意识到了比赛的结果固然重要，但是与同伴合作完成任务的过程也十分有趣，非常有意义，并亲身体会到了何为"友谊第一，比赛第二"。

七、活动反思

活动的开展在取得良好效果的同时，也存在着一些不足之处，这是在以后的类似活动中要重点克服的：

活动缺少精细化的管理与控制；在比赛活动中，虽然各方的准备工作、活动计划较为周密，但对于个别生、特殊生的计划还有较多不足，准备不充分，不能够达到全面覆盖、个性化服务。

活动组织时，人员不足；整个活动过程，参赛人数为600人，但用于组织管理的人员仅有36人，稍有不慎，容易出现秩序混乱等情况。在未来的活动组织中，要尽可能多地从学生或家长中招纳志愿服务人员，扩大活动组织管理的人员配备，细化分工，增强组织管理能力。

传统武术进校园，传承文化强体魄
——五年级校本课程《五步拳》教学案例

一、教学目标

1. 掌握传统武术的基本手型、步法及五步拳的动作要领。

2. 发展学生的反应速度、动作协调性，锻炼学生的核心力量，增强学生的综合身体素质。

3. 培养学生对传统武术的兴趣，树立崇尚武德的精神。

4. 激发学生积极参与体育活动的兴趣，让学生在活动中展示自我，增强学生的自信心。

二、教学重点

武术基本手型、步法和五步拳的动作要领。

三、教学难点

手型、步法正确到位。

四、教学分析

1. 背景分析

《义务教育体育与健康课程标准（2022年版）》中有关"中华传统体育类运动"的课程内容，明确了"中华传统体育类运动除了与其他类运动具有共同的育人价值外，在培养学生的中华民族认同感、文化自信等方面具有重要作用。其中，武术类运动项目有助于弘扬立身正直、见义勇为、自强不息、厚德载物的尚武精神，促进学生理解和践行中华传统体育与养生文化；其他民族民间传统体育类运动项目有助于学生形成对中华优秀传统体育的文化认同，增强民族自信和民族自豪感"。

2. 学情分析

一方面，小学五年级的学生正处于生长发育的关键时期，他们的年龄特征是：模仿能力强；想象力丰富；好动、好奇心强，敢于自我表现。另一方面，五年级的学生，在运动参与能力、性格爱好上，都具有较大的差异，部分女生会表现出害羞的一面，而男生则会无所顾忌地表现自我。因此，一些带有模仿性、表演性的练习，比较能激起学生们的学习兴趣，而武术运动恰恰是一项刚柔兼备的项目，既能表现出男生的刚强，又能体现女生的柔美。

根据课程标准的要求，本次课从五年级小学生的身心特点和心理需求出发，选择了传统武术"五步拳"为教学内容，它动作简单明快、刚柔并济、张弛有度、造型优美、有较强的健身性和观赏性，比较适宜。

五、教学过程

1. 创设情境，引出新课

（播放歌曲《中国功夫》）

教师以抱拳礼开场，示范武术动作，导入本课。

【设计意图：以抱拳礼开场，意在向学生传递以武会友、谦虚和谐、尊重对手的武德精神，它是武术的基本礼节之一。而歌曲和教师的表演，则为激发学生的学习兴趣，充分调动学生学习的主动性。】

2. 三种步法学习

（1）用口诀介绍三种步法

弓步：前腿弓后腿蹬，上体正直不晃动。

马步：两脚三脚宽，两腿平行站，两膝向外展，上体正直向前看。

并步：两腿直立，脚尖向前，重心落于两腿之间。

【设计意图：使用口诀，是为避免枯燥的讲解模式，学生也更容易记忆。】

（2）练习步法

根据教师的口令，做出相应的步法练习。

【设计意图：让学生在精神高度集中的状态下，练习三种步法，以便更快、更好地掌握。同时将准备活动穿插在游戏当中，不仅让学生在技能上得到发展，而且为学生做好生理及心理的铺垫。】

（3）猜拳游戏

设计"并步、马步、弓步"猜拳游戏，增加学生对武术学习的浓厚兴趣，检验学生掌握情况，提高学生三种步法的动作质量。

3. 三种手型学习

教师介绍、示范拳、掌、勾的动作要领。

拳：四指并拢卷紧，拇指梢节屈压于食指和中指的第二节指骨上。拳心朝下为平拳，拳眼朝上为立拳。（拳心：手心的一面。拳眼：拇指与食指叠而成的圆窝称为拳眼。拳背：手背的一面。拳面：四指卷紧后，第一节指骨相并形成的面称为拳面。拳轮：小指外侧到手腕之间的部分。）

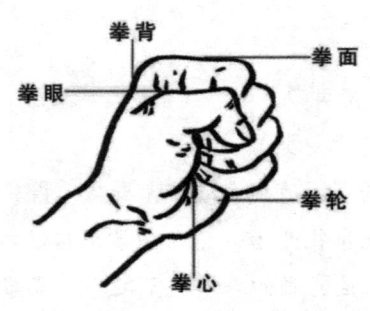

掌：拇指弯曲外展贴于食指内侧，其余四指并拢向外伸展。掌心朝前为立掌，掌心朝下为俯掌，掌心朝上为仰掌。(掌心：手心的一面。掌背：手背的一面。掌尖：手指的前端。掌根：立掌时手腕凸处称为掌根。掌外沿：小指外侧与掌根之间的部分。)

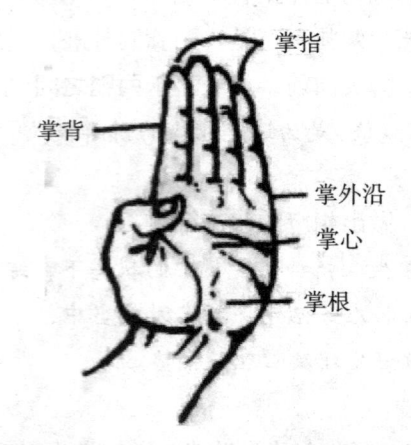

勾：五指撮拢，屈腕成刁勾。（勾顶：手腕弯曲凸起部分。勾尖：五指撮在一起的端头。）

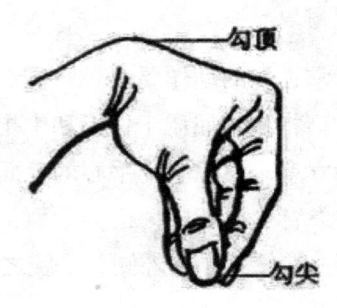

4. 学习五步拳

（1）教师示范五步拳的武术动作

师：五步拳是武术中基本的组合套路。通过五步拳的练习可以增进身体的协调能力，掌握动作与动作之间的衔接要领，提高动作质量。为进一步学习武术打下基础。

（教师示范五步拳的武术动作，并投影出示五步拳图解）

五步拳图解

手型：拳、掌、勾
手法：冲拳、推掌、架打
步型：马步、弓步、仆步、虚步、歇步
步法：弹腿、踢腿
五步拳图解

动作名称：弓步冲拳－弹腿冲拳－马步架打－歇步盖冲拳－提膝仆步穿掌－虚步挑掌

要点：五步拳是结合长拳的主要步型、步法和手型、手法编成的组合练习。动作要点、易犯错误和纠正方法同前。

（图1）预备姿势 并步抱拳

（一）弓步冲拳（图2）成左弓步，左手向左平摆收回腰间抱拳；冲右拳。目视前方。

（二）弹腿冲拳（图3）重心前移，右腿前弹踢，同时冲右拳。收左拳。目视前方。

（三）马步架打（图4）右脚落地，向左转体90°，下蹲成马步，同时左拳变掌，屈臂上架，冲右拳。目视右方

（四）歇步盖冲拳（图5-1）左脚向右脚后插一步，同时右拳变掌向左下盖，掌外沿向前，随体右转90°，收左拳。目视右掌

（五）提膝仆步穿掌（图5-2）上动不停，两腿屈膝下蹲成歇步，同时右拳变掌，顺势收左拳。目视左掌

（图6）上动不停，两腿起立，身体左转，随即左腿屈膝提起，顺势变右拳，由左平手上穿出，手心向上，同时左腿屈膝提起。目视右手

（六）虚步挑掌（图7）上动不停，左脚落地成仆步；右手掌指朝前，沿左腿内侧穿至左脚。目视左掌

（七）并步抱拳（图8）随腿屈膝前弓，右脚前上成左虚步。同时平手向后划弧，右手顺右肋前上，向上挑掌。目视前方

左脚向左拧手掌拨起向前并步，同时右拳向左手背拨起，回抱左腰间。目视前方

（2）学生跟学前四个招式

预备式（并步抱拳）、弓步冲拳、弹踢冲拳、马步架打。（在练习的过程中，老师按需指导，随时提醒学生出拳的力度和精气神，培养其尊师重道、刻苦用功、文武兼备的精神。）

5. 自由练习

学生两两组合，一人喊口令，一人完成动作。其间两人可相互纠正、相互指导。最后，再次集体练习，注意学生武术精气神的训练，引导学生大胆展示，积极参与。

六、教学效果

《五步拳》课程主要分为三节课时进行教学，本次为第一课时，主要学习五步拳的前三个动作。在基本步法和手型的练习中，学生们对武术的基本动作有了较为详细的认识与学习。在反复的练习中，同学们克服了怕苦怕累的思想，并持续以高度的注意力学习相关武术动作，大部分同学掌握得较快较好，但是还有少部分同学未掌握，有待持续的练习。

"内练精气神，外练筋骨皮"，通过传统武术类课程的开设，同学们不仅提高了身体素质，还锻炼了意志，培养了品德。

七、教学反思

小学生对武术特别感兴趣，学习较积极主动，但在教学中要重视习武的教育，注意培养优良武德，加强专业引领和学情调控，防止互相打闹，维持良好的课堂秩序。在这节课中主要存在如下改进之处：

注意课堂时间的把握，导入部分适当地压缩时间，多留时间给学生练习、展示。

基本部分的内容可以再充实一些，以便让学生能够有更多的素材进行自主学习时的武术创编。

教学中要注重学生相互间的学习、检查、改进的意识和能力的培养，激发学生的练习热情，积极主动地参与练习。

总之，在武术教学中，只要我们遵循因材施教的原则，结合小学生的生理、心理特点，采用循循善诱、由易到难、由浅入深、循序渐进的教学方法，并运用语言、人物形象等，激发学生的学习动机和学习兴趣，就能取得良好的教学质量。

传承射艺精神，发扬体育运动
——六年级校本课程《空竹》教学案例

一、教学目标

1. 掌握抖空竹的基本技术和方法，提高自我健身能力。
2. 通过抖空竹，训练学生大脑、眼及四肢的协调能力，发展学生的平衡力。
3. 提高学生对于民族传统体育运动的认识，培养学生热爱祖国优秀传统文化的情感。
4. 通过参与空竹运动，培养学生严于律己，戒骄戒躁的行为品质。

二、教学重点

1. 通过空竹课程培养学生严于律己、宽以待人的优秀品质，以及热爱祖国优秀传统文化的思想。

2. 通过空竹运动，培养学生的协调能力，提高学生解决实际问题的能力。
3. 掌握抖绳的缠绕方式，确保空竹到位后，保持平衡。

三、教学难点

空竹到位后，如何保持平衡不掉落。

四、课前准备

1. 背景分析

《义务教育体育与健康课程标准（2022年版）》中有关"中华传统体育类运动"的课程内容，明确了"中华传统体育类运动除了与其他类运动具有共同的育人价值外，在培养学生的中华民族认同感、文化自信等方面具有重要作用。其中……其他民族民间传统体育类运动项目有助于学生形成对中华优秀传统体育的文化认同，增强民族自信和民族自豪感"。

2. 学情分析

六年级学生由于其身心特点，对体育运动充满好奇，有较强的表现欲和求知欲；希望在老师和同学的心目中留下比较好的印象。在生理上，六年级的学生刚刚进入或即将进入青春期，这个时期是锻炼学生协调性和灵敏性的最佳时期。而空竹则是一种比较适合的体育器材，它既简单易学，又经济实用，既可以发展学生的协调能力和灵敏度，又可以通过花样动作，激发学生的自主创新意识。

3. 教学准备

人手一套双轮空竹、杆、棉线。

五、教学过程

1. 创设情境，导入新课

体育委员整队报数后，师生间相互问好，并宣布本课内容。（要求：着装整齐，整队迅速，声音洪亮。）

2. 热身运动

（1）弓步压：左脚向前方跨出一大步，整个脚掌着地，大腿和地面平行，右腿挺直，前脚掌着地，上半截身体直立，双手交叉贴于脑后，做抬头挺胸的动作。

（2）开合跳：双手垂直，置于身体两旁；双脚分开，与肩同宽，略微收腹收臀。双脚向外跳开，距离要宽过双肩；跳起同时，双手举起，和肩膀成一直线，手肘略略弯曲。落地时，膝盖必须轻微弯曲，但不可超过脚趾尖，不然会造成压力，伤及膝关节。

（3）膝关节运动：两脚靠拢之后，两个膝关节微微弯曲，手指自然并拢放在膝盖上，做蹲下起立动作10次。

（4）脚腕运动：脚尖着地，脚腕自然放松，按照顺时针和逆时针方向绕环，双脚各做8个节拍。

（5）头部运动：先低头，然后后仰，再向左右两边，最好向左向右环绕，做4个八拍，有利于头部的伸展。

（6）扩胸运动：左脚跨到与左肩同宽，双手需抬起与地面平行，手臂则需保持弯曲的状态，两手指呈相对的状态。1~2拍的时候两只手臂胸前平屈后振，掌心则是向下的，3~4拍的时候两只手臂呈伸直打开的状态，掌心是向上的，5~6拍的时候两只手臂经体侧上举后振，掌心是向前的，7~8拍的时候两只手臂垂下后振，掌心是向后的。

3. 学练抖空竹

（1）抖空竹动作学练

教师讲解示范抖空竹动作的技术要领，学生跟练，体验双手协调配合的感觉。

技术要领：两个杆头对齐，双手握杆，右手高，左手低，双手上下移动如打鼓。

（2）学练起动空竹的方法

学生仔细观察老师的示范动作，两两自由结对，认真进行学练，积极探索起动空竹的技巧。其间教师可进行个别指导。

①滚动提拉启动法：先将空竹一个端面(大哨孔的薄边在右)正对自己，放在右脚前，双手握杆，左手杆头高于右手杆头，把线绳垂直套在空竹轴上。启动时右手杆向左提拉，使空竹在地面上向左滚动，左手绳顺势下垂跟随。当空竹滚动有一定速度后，右手绳顺势将空竹提拉起来，以右手为主用力地不断提拉，左手为辅放松跟随配合，上下不断抖动，空竹即会旋转起来。

②原地提拉启动法：先将空竹一个端面(大哨孔的薄边在右)正对自己，放在双脚正前方，双手握杆将绳线垂直地套在空竹轴上，左手杆头高于右手

杆头。启动时，右手用力向上提使线绳充分与空竹轴摩擦，以带动空竹向左旋转，左手放松顺势下垂跟随配合。当左手杆送到底时，右手杆迅速下落，左手杆顺势配合抽回，这时线绳不应与轴产生大的摩擦力；当右手杆落到底时，再突然加力向上抖动，左手杆顺势下垂跟随，这样反复抖动，空竹即可旋转起来。

③定位手旋启动法：左手握双杆，杆头分开，右手手心向上，五指抓住空竹一端，使空竹挂在线绳的中央，拉紧线绳向左突然发力转动空竹，右手瞬间从左手接过一根杆，双手配合上下抖动，右手用力左手放松跟随配合使空竹不断地向左旋转起来。

（3）调整空竹平衡的方法

空竹在抖动旋转过程中，由于双手配合不好就会出现前轮高或后轮高的倾斜现象，这时要及时调整掌握平衡。方法是以右手绳为主，如前轮高，右手绳向前轮靠并提拉线绳；如后轮高，右手绳向后轮靠并提拉线绳。左右线绳夹角越大，调整平衡效果越好，前后轮平衡后，随即双手杆头对齐继续抖动即可。注意：调整空竹平衡时，必须保证空竹具有一定的转速。

（4）空竹左右调整的方法

向左方调整：左手高举杆，把线绳拉紧，用稍倾斜的右杆头轻轻地触动空竹的后轮，空竹转向左方。

向右方调整：左手高举杆，把线绳拉紧，用稍倾斜的左杆头轻轻地触动空竹的前轮，空竹即转向右方。

4. 放松练习，集合点评

全体集合，按照四组队列排开，做放松运动。（拍打大小腿、小幅度活动肩颈及腰部）体育委员整队报数后，教师针对学生们的课堂表现，进行个性化点评，鼓励学生利用课余时间参与到体育锻炼中来。

六、教学效果

首先，校本课程《空竹》不仅丰富了学生的体育文化生活，激发了学生对传统体育的兴趣，还加深了我校师生对中国传统体育文化的认识与热爱。为学校深化体教融合，打造一校一品校园奠定了良好基础。

其次，本课在教学过程中，采用循序渐进的教学方法，让学生由简到难，逐渐掌握动作；在练习过程中，通过分组培养学生互帮互助、团结协作的能力；在展示评价阶段，让学生充分展示，增强其自信心。课程在培养学生团结协作精神的同时，充分发挥学生的主体作用，以学生的合作学习为主，教师的导向性参与为辅，达到了良好的教学效果。

七、教学反思

抖空竹的动作，看上去似乎是很简单的上肢运动，其实不然，它是全身的运动，靠四肢和手、眼的完美配合，才能得以完成。有动有静，有刚有柔，既是力量性练习，又是持久的耐力锻炼；既可以促进全身的血液循环，提高四肢的协调能力，又可促进人脑的发育，提高身体的灵敏性，起到健身强体的作用，对于小学生来说，正处于身体各项机能快速发展的阶段，进行相应的传统体育锻炼，十分有必要。而本节课，在教与学的方法上，主要采用的是教师讲解示范、学生互帮互学、自主探究的方式，课堂中既有老师的指导和评价，又有学生的自主锻炼和自我检验，课堂氛围相对融洽、相对和谐。但本课教学也存在着很多不足之处，比如对于传统体育项目来说，这样的课堂氛围还不足够浓，可以增加一些民族的音乐，用于烘托运动气氛，培养学生的民族意识，同时，这节课学习的动作过多过难，学生掌握程度不足，还需课后的持续练习。

传承射艺精神，发扬体育运动

——四年级校本课程《足球运球、颠球技术》教学案例

一、教学目标

1. 运用多种教学方法，传授足球知识、技能，培养学生学练足球的兴趣，提高学生的足球运动水平和技术能力。

2. 学练足球的运球、颠球等技术，锻炼学生坚毅的意志品质，促进学生形成公平、有序的体育精神。

3. 掌握足球运动的基本知识，了解足球的比赛规则，提高比赛的鉴赏能力。

二、教学重点

1. 直线脚背运球时，脚的推拨动作。

2. 颠球时脚触球的部位。

三、教学难点

直线运球与颠球时，控制球的能力。

四、教学分析

1. 背景分析

《义务教育体育与健康课程标准（2022年版）》中有关"球类运动"的课程内容，明确指出"球类运动除了与其他类运动具有共同的育人价值和能力要求外，在激发学生的运动兴趣，提高学生的快速反应能力、预判能力和决策能力，培养学生勇敢顽强、遵守规则、公平竞争等体育品德方面具有独特的育人价值。其中，集体性球类运动项目有助于培养学生的协作能力和团队精神，个体性球类运动项目有助于培养学生的独立判断、快速反应和调控情绪等能力"。

2. 学情分析

足球是永丰中心小学的特色课程，十余年来，在课程研究及团体比赛中，永丰中心小学硕果累累。学校以古代蹴鞠为起源，并将之与现代足球、篮球、曲棍球等项目形成联系。在海淀区、北京市的多项比赛中，成绩突出，逐渐走向国际。曾在一期《星光大道》节目上进行开场展示，值得一提的是在工体的颁奖会上，球星罗纳尔多也曾为我校学生颁奖。

在长期的经验积累中，永丰中心小学编辑了《永丰足球》读本，为学生提供了更加丰富、更加具体、更加科学合理的学习和训练内容。

五、教学过程

1. 导入新课

（1）体育委员整队，检查人数并报告。

【设计意图：有助于老师掌握学生是否全部到齐，便于考勤和安全管理，同时也训练学生的反应能力，提高学生思维的敏锐度和注意力。而且声音洪亮地报数，也能将学生的精气神提起来，展现生气勃勃、勇往直前的体育精神。】

（2）师生问候。

【设计意图：上课时，师生相互问好，是一个非常重要的环节，既表达

了师生间的相互尊重，也可以让学生和老师迅速地进入到上课状态。】

教师说明本课主要教学内容。

【设计意图：使学生明确本节课的主要内容，积极地参与到教学活动中来。】

2. 热身运动

（1）弓步压：左脚向前方跨出一大步，整个脚掌着地，大腿和地面平行，右腿挺直，前脚掌着地，上半截身体直立，双手交叉贴于脑后，做抬头挺胸的动作。

（2）开合跳：双手垂直，置于身体两旁；双脚分开，与肩同宽，略微收腹收臀。双脚向外跳开，距离要宽过双肩；跳起同时，双手举起，和肩膀成一横线，手肘略略弯曲。落地时，膝盖必须轻微弯曲，但不可超过脚趾尖，不然会造成压力，伤及膝关节。

（3）膝关节运动：两脚靠拢之后，两个膝关节微微弯曲，手指自然并拢放在膝盖上，做蹲下起立动作 10 次。

（4）脚腕运动：脚尖着地，脚腕自然放松，按照顺时针和逆时针方向绕环，双脚各做 8 个节拍。

（5）头部运动：先低头，然后后仰，再向左右两边，最好向左向右环绕，做 4 个八拍，有利于头部的伸展。

（6）扩胸运动：左脚跨到与左肩同宽，双手需抬起与地面平行，手臂则需保持弯曲的状态，两手指呈相对的状态。1~2 拍的时候两只手臂胸前平屈后振，掌心则是向下的，3~4 拍的时候两只手臂呈伸直打开的状态，掌心是向上的，5~6 拍的时候两只手臂经体侧上举后振，掌心是向前的，7~8 拍的时候两只手臂垂下后振，掌心是向后的。

3. 运球教学

（1）教师讲解示范脚背运球动作。

脚背正面运球多在越过对手之后，前方纵深距离较长，仍需要快速夹球前进的情况下使用。

脚背正面运球动作要领：跑动时，身体自然放松，上体前倾，两臂自然摆动，步幅不宜过大。运球脚提起时，膝关节弯曲，脚跟提起，脚尖下指，在迈步伸脚着地前，用脚背正面向前推拨球前进。

（2）教师提出要求，布置练习。

四列横队，每人一球练习。（学生四人一组，互相观摩练习，教师评价学生练习，运球拖球转身再运球练习、正误对比，教师进一步强化正确技术要领）

三步一趟慢速运球练习、三步一趟中速运球练习、三步一趟稍快速运球练习。

一步一趟慢速运球练习、一步一趟中速运球练习、一步一趟稍快速运球练习。

（3）教师指导，学生练习。

脚背正面运球错误纠正方法：①多做原地运球练习，体会脚与球接触的感觉。②反复做无球跑动练习，提醒自己重心降低。

4. 颠球教学

（1）教师讲解并示范脚内侧、脚背正面颠球动作。

①脚背正面颠球：脚向前上方摆动，脚背击球，击球时踝关节固定，击球的下部，两脚可交替击球，也可一只脚支撑，另一只脚连续击球。击球时用力均匀，使球始终控制在身体周围。②脚内侧颠球：抬腿屈膝，用脚的内侧向上摆动，击球的下部，脚内侧交替击球。

（2）教师提出练习要求，布置练习。

一人一球颠球：体会触球的时间、触球的部位、触球的力量和整个动作的协调配合。

两人一球颠球：用脚背触球，掌握好触球的力量，尽量不让球落地。每人可触球一次颠给对方，也可触球多次互颠。

四五人一组，围圈用两球颠球：可规定每人触球的次数与部位，也可自由掌握触球的次数与部位，颠传时要注意观察，防止两个球同时颠传给同一伙伴。

（3）教师评价，学生练习。

5. 游戏比赛

教师讲解比赛方法及规则：四人一组接力运球，哪一组用时最短，哪一组便获胜。第一个人颠球2次后，向前方运球，到达25米线后，才能运球返回，交给第二个人。第二个人依照第一个人的方法，颠球两次后，传给第三个人，依次类推。

在运球、颠球的过程中，只能在本组的赛道进行，不能越界，否则判定 0 分。

【设计意图：培养学生的规则意识，无规矩不成方圆，体育运动更是如此。】

6. 整理放松

全体集合，按照四组队列排开，做放松运动。（拍打大小腿、小幅度活动肩颈及腰部）体育委员整队报数后，带队回教室。

六、教学效果

在足球课中，学生的运动热情非常高，学习能力也较强。整节课下来，大部分同学能够正确掌握脚背运球、颠球的技术要领，但是还需要进一步的练习，只有多多练习，才能形成肌肉记忆，才能让正确的运球、颠球技法烂熟于心。

为了增加课程趣味性，让学生更加主动地参与到课程中来，在实践部分加入了游戏的部分，寓教于乐，在相互的配合与对比中，学生们既可以愉快的心情取长补短，查漏补缺，又可以在游戏规则中学会尊重对手、尊重自己，传承发扬公平、有序的体育精神。

七、教学反思

足球有"世界第一运动"的美誉，是全球体育界最具影响力的单项体育运动。在课堂中，教师运用分组指导练习、游戏等方式来活跃课堂气氛，调动了学生的积极性，让学生在一种宽松和谐平等的环境中学习，有力地发挥学生的自主性，但此时的老师又通过巡回指导和主动参与，更加缩短了师生间的距离，学习效果更加明显，从而使课堂教学组织活泼而不散乱，生动而有序。最后的比赛将整个课堂教学推向了高潮，学生之间的团结协作、互相鼓励、积极进取的精神得到了充分的展现。

总体来讲，这节课比较好地完成了教学目标，但也存在着一些不足。比如说，在传球运动时，个别学生比较散漫，运动热情不高，不过在后面的传球比赛中，却能十分主动地参与。可见在以后的教学中，应根据学生的个体差异，个性化地设计各个教学环节，不断地变换教学方法，进一步提升学生的积极性，让每一个学生都能有效地、积极地参与到课程中来。

传承射艺精神，发扬体育运动
——永丰中心小学体育月"射礼"活动案例

一、活动目标

1. 体验传统文化，激发学生对国学的热爱和兴趣。
2. 强身健体，培养心智，培养学生反省自己、公平竞争、不骄不躁的性格品质。
3. 培养学生谦恭不争的君子风范，提升学生为人处世的礼仪素养。

二、活动意义

射礼是中华传统礼仪文化的重要表现形式之一，蕴含中华民族特有的人文体育精神。射礼本质上是一种"立德正己"健康道德的培养方式，是中华民族先贤寓正于射、寓教于射、寓礼于射、寓德于射的人文实践成果。

西周时期，国家通过射礼，展开了大规模的竞技活动，促进了军事训练的开展，提高了民众的尚武意识、射箭水平和军士的战斗力，在军队中造就了一大批军事人才。但到了春秋时期，射礼中的繁文缛节、形式主义日益严重。

永丰中心小学推行的射礼，是体育、德育与美育的完美结合，取其精华去其糟粕，充分体现其内外兼修、文武兼备的教育目的，寓教于射，继承其"射以观德""射以正己""君子之争""知其所止"等教育精神。在射箭活动中，我们强调的是"揖让而升""君子不争""进退有度"等仪节，可以首先在形式上培养习射者的礼貌意识、对他人的尊重意识和"仁"的思想，然后通过长期的熏陶，慢慢内化为一个人的良好品行。此外，在射礼中所提倡的"正己""观德""不争"等儒家思想，有利于习射者树立起修身立德的人生追求，懂得在生活中反省自己、公平竞争、不骄不躁。

三、活动地点

永丰中心小学各校区操场。

四、活动准备

人员安排、场地布置、器具摆设等。

五、活动流程

1. 备礼迎宾

（1）备礼

布置好场地，组织好参礼及观礼人员。

把弓、箭、算筹等器具搬到领操台前陈设好。

司射（古代官职）、有司、射者在领操台前面向南列队站好。

主人在场地外迎接宾客的到来。

（2）迎宾

宾至，主人迎上，相互行揖礼后，入场登台而立。射礼中的宾，只有德行超群者，才有资格担任。

2. 开礼

司射自台前取弓和箭，登台报告给宾，"弓矢既具，有司请射"。宾辞让，对曰："某不能。为二三子。"许诺。司射踏在阶上，东北面告于主人，曰："请射于宾，宾许。"（射礼全过程中，司射都需挟乘弓矢。）

3. 配耦

司射选六名射者，将射艺相近者，两两配合为一组，一共三组，分别称为上耦、次耦、下耦，是所谓"三耦"，每耦有上射、下射各一名。（剩余学生，依上述方法进行分配。）

4. 纳射器

配耦完成，司射下阶并面向西，命令射者取纳射器。上耦两人各取弓一把，箭四支。

5. 倚旌

（1）司射命令获者（即报靶员）以旌旗为射者指示靶心的位置。

（2）获者把旌旗倚靠在侯（箭靶）的中央，为全场指示箭靶中心的位置。

（3）司射命令三耦："依次而射，不得杂越！"

（4）上耦左手执弓，右手的指间夹一支箭，另外三支插在腰带中。

6. 诱射

（1）司射为众射者做示范。具体过程是司射由台西行揖礼，走到阶下时，北面行揖礼。踏上台阶，揖礼后走上台（即射位）。再行揖礼后，左脚踩到射位符号上，面朝西，再扭头向南，注视靶的中部，表示心志在射箭，然后俯身察看双足，调整步武，最后开弓射箭，直至将四支箭全部射完。

（2）获者在其射完后，将箭取回，插到台前的箭架上，然后返回原位。

7. 一番射

第一番射是习射，不管射中与否，都不计成绩。

（1）上耦的两位射手，按照司射的要求在射位站好，目光盯住靶心，等待司射的命令。

（2）司射在台下命令道："无射获，无猎获！"（意思是，不许射伤报靶者！不许惊吓报靶者！）

（3）上射向司射行礼后射击，射出一箭后，再从腰间抽出一支箭搭在弦上，然后由下射。如此轮流更替，直到将各自的四支箭射完。

（4）获者扬声向台上报告射中的结果。接着，上耦下堂，次耦上堂，双方在西阶前交错时，相揖致意。次耦习射的仪式与上耦相同。

（5）最后，次耦下堂，下耦上堂习射。至此，司射上台对宾行揖礼，禀告宾："三耦座射。"（意思是三耦都已射毕）宾揖礼相还。

8. 二番射

第二番射是正式比赛，要根据射箭的成绩分出胜负。参加者除三耦之外，还有主人和宾。主人与宾配合为一耦，主人担任下射，以示谦敬。

二番射

9. 三番射

第三番射的过程与二番射基本相同，只是比射时有音乐伴奏。（播放《诗经·召南》中的《驺虞》。）

司射在堂下宣布："不鼓不释！"（不按鼓的节奏射箭的，不得计数！）三番射与二番射的程序相同，先由三耦比射，然后主宾耦比射。凡是应着鼓的节拍而射中靶心者，有司就抽出一支算筹扔到地上，最后将比赛的结果禀告宾：胜方赢若干筹，或者是双方射平。三耦、宾、主人顺序上堂。三番射至此结束。

10. 旅酬送宾

（1）旅酬

射礼的余兴节目。参礼者相互敬茶或水。敬饮之前需相互行揖礼，乐队循环奏乐以助兴。

（2）送宾

宾起身告辞，走到西阶时，播放乐曲《陔》。宾出场地，参礼者皆相随，主人在门外以再拜之礼相送。然后，所有参礼人员相互行揖礼告别。最后，主人组织有关人员收拾器具、打扫射礼场地。

六、活动效果

永丰中心小学立足于中华民族优秀传统文化，有助于培育和弘扬社会主义核心价值观，培养学生的文化自觉，有助于青少年文化自信的提高。而射礼文化作为中华传统礼仪文化的重要表现形式，蕴含中华民族特有的人文体育精神，在本质上是一种"立德正己"健康道德的培养方式，是民族先贤寓政于射、寓教于射、寓礼于射、寓德于射的人文实践成果。永丰中心小学，继承这一文明成果，以明确的活动目标，与其他体育课程一起，为增强体质、增进健康，促进学生身心全面健康发展而努力。活动的举办既有文化内涵，又颇有时代特色，师生热情参与，收获颇丰。

七、活动反思

"射者，进退周还必中礼。内志正，外体直，然后持弓矢审固。持弓矢审固，然后可以言中，此可以观德行矣。"射礼文化源远流长，内含礼、乐与修德相互融合的精华，不仅是陈述射艺一事而已，当中蕴藏传统文化的深义与内涵，可以正人心，移风俗。总体来说，射礼的举行，除了结合传统仪式之外，还要考虑时代之情，在各个环节的设计之中，要充分考虑学生的认知范围，结合学生的生活实际及活动开展的现实条件，在形式之外，更要注重德育、美育、体育等方面内容的融入，诚意正心、格物致知，培养学生内正体直、进退自如、反求诸己的优良品质。

专题四　勇于御

御者之道，正己化人。永丰中心小学以"雅·微讲堂"为依托，通过微班会、微视频等形成，立足良好人际关系的建立，培养学生的集体责任感、社会使命感，提高学生的自我管理能力、沟通能力、协作能力等，助力永丰少年成长为自觉、自立、自尊、自强的时代新人。

立足人际交往，学习自我管理
——二年级班会课《让我们做朋友》教学案例

一、教学目标

1. 激发学生交流的兴趣与愿望，能积极主动地参与口语交际活动，感受交际的乐趣。

2. 学习使用普通话，逐步养成讲普通话的习惯。

3. 在交际互动中，能初步说清自己的观点；认真倾听并了解别人的讲话内容；态度大方、有礼貌，在交流中发展口语交际能力。

4. 能讲清楚想和谁交朋友及原因；能在交际中准确表达自己的情感；能学会自我赏识及赏识他人。

5. 学会情绪管理，能够愉快和谐地和他人进行沟通。

二、教学重点

1. 在交际互动中，使学生能初步说清自己的观点；认真倾听并了解别人的讲话内容；态度大方、有礼貌，在交流中发展口语交际能力。

2. 能讲清楚想和谁交朋友及原因；能在交际中准确表达自己的情感、情绪等；能学会自我赏识及赏识他人；能愉快和谐地和他人进行沟通。

三、教学难点

能讲清楚想和谁交朋友及原因；能在交际中准确表达自己的情感；能学会自我赏识及赏识他人；情绪管理，能愉快和谐地和他人进行沟通。

四、教学分析

1. 背景分析

最近由外来听课老师反映，我们班的同学在回答问题的时候，举手比较积极，但是发言的声音不是很响亮。尤其是女生，不够自信，个别小男生回答问题的时候声音也很小。在家长开放日的时候，由于家长就在学生后面坐着，同学们举手的都变少了。另外课下同学们总是和固定的好朋友一起玩，针对这样的情况，为了建设良好、积极的班风，增加孩子们的自信心，提高孩子的表达能力和自我管理能力，特此开展班会课《让我们做朋友》。

2. 学情分析

班级共 27 人，其中女生 18 人，男生 9 人，女生的数量是男生数量的两倍了，平时的纪律一般，而且课上回答问题的声音比较小，有外来老师听课的时候回答问题的声音就更小了。班级管理有待提高，班风建设有待改进，学生语言表达能力有待增强。

五、教学过程

1. 创设情境

师：最近同学们表现都很棒，我想和你们做朋友好吗？

板书：让我们做朋友 。

生：好。

师：那谁能大声地说说愿意和老师交朋友的原因？

生 1：我和老师做朋友，我喜欢听您讲课。

师：谢谢你，朋友！来，握个手吧！

生 2：我和老师做朋友，我喜欢老师。

师：能成为你的朋友，我真荣幸！

师（环顾四周）：谁还想说？你们都想说？

生齐：我和老师做朋友。

师结：谢谢你们！现在我宣布，你们都是我的好朋友了。

2. 介绍自己

（1）谈交友标准。

师过渡：除了要和老师交朋友，同学们还要学会和身边的小伙伴成为好朋友。

课件出示一个平时较为羞怯的学生的照片。

师：谁认识这位同学？谁是他的好朋友？

学生举手回答。

师：瞧，多可爱！同学们，你们觉得他最可爱的地方是什么？

生1：他特别愿意帮助别人。

生2：有一次，我忘记带橡皮了，就是他借给我的。

师：他也是老师的好朋友。我觉得他上课时认真听讲，动脑筋思考问题的样子特别可爱。那么，你想和什么样的同学成为好朋友呢？

学生各抒己见，纷纷说出自己的交友标准。

生1：我的朋友要爱学习、会思考问题。

师：你喜欢爱学习、会思考的朋友。

生2：我的朋友应该有爱心、爱帮助别人。

师：你想和有爱心，乐于助人的同学成为朋友，说明你也是一个有爱心，乐于帮助他人的好孩子。

生3：我的朋友呀，他应该讲文明、有礼貌。

师：你愿意结识讲文明、有礼貌的朋友。

生4：我觉得，我的朋友上课时应该认真听讲，下课时还不能在教室里打闹。

师：看来，你是一个遵守纪律的好孩子，老师喜欢你！

生5：我喜欢和会踢毽子的同学交朋友，下课时我们能一起玩。

师：我明白了，你的意思是，要有一个爱好相同的朋友，是吗？

生5：是的。

……

教师总结：哇！好高的交友标准！其实每个同学都有可爱的、让人喜欢的地方，有的同学有忽闪忽闪漂亮的大眼睛，有的同学有圆圆的脸、翘翘的辫子，有的同学字写得很漂亮，有的同学说话声音甜甜的，有的同学喜欢和大家分享好看的书，有的同学特别讲卫生……

（2）找自己的优点。

师：看来，我们要想交到好朋友，必须得有自己的优点。在老师的心目中，我们班的每个同学都有自己的优点，接下来就让我们进入今天交友的第一步，向别人介绍自己。请同学们认真观看大屏幕，赶快找找自己的优点，好好介绍自己。（课件出示：自我介绍）

（3）说话训练。

师：我相信每个同学都找到自己的优点了，请你对照自己的优点，完成句式练习。

（课件出示：你好，我是一年级(2)班的（　　），我的优点是（　　）。）

（4）介绍我自己。（学会自我赏识）

师：同学们已经完成句式练习，接下来你可要好好介绍你自己。如果你想交到更多的好朋友，就必须让全班同学都知道你的优点。谁想第一个站起来把你的优点介绍给大家？

生1：大家好，我是一年级(2)班的……，我的优点是……

……

师小结：刚才有那么多勇敢的同学向我们说出了自己的优点，给老师和同学留下了非常深刻的印象，相信你们一定能交到最好的朋友。

3. 选择朋友

（1）过渡

师：我想同学们心中肯定都有了自己的好友目标，那么，你想和谁成为好朋友呢？让我们进入交友第二步，看优点，选朋友。

（课件出示：我想和××交朋友，因为他/她……。我还想和××交朋友，因为他/她……。）

（2）学生认真看大屏幕，细心听老师读要求。

参照大屏幕上的句式，大声读出你选择的朋友和选择他的原因。

生1：我想和××交朋友，因为她是个爱读书的好孩子，我也喜欢读书。我还想和××交朋友，因为他特别喜欢帮助别人，今天还借给我铅笔了呢。

（3）过渡

师：大家既然都有了好朋友的目标，就让我们进入交友的第三步，用诚心，交朋友。

（课件出示：你好××，我叫××，我的优点是……。因为你……，所以我想和你交朋友。）

　　让学生自由组合，在活动中体验和朋友在一起的快乐。可以一起做手工、画画，可以和好朋友说说悄悄话或讲讲故事，也可以一起玩玩具……

　　在此过程中，老师要让所有学生都参与进来，不要冷落了任何一个学生。

　　师：谁能参照大屏幕把你的想法告诉你的朋友？

　　生1：你好××，我叫××，我的优点是爱踢球。因为你也特别喜欢踢球，所以我想和你交朋友。

　　师：你的表达真清楚，态度非常诚恳，我先交了你这个朋友，一张笑脸作为见面礼！那××同学，你愿意和××成为好朋友吗？

　　生2：我也喜欢踢球，这样我们就可以一起玩了。我愿意和他成为好朋友。

　　师：请你俩带上交友卡到前边来，互相交换！

　　（同学1和同学2到前面互换交友卡，学生给予掌声作为鼓励。）

　　师：我宣布——交友成功，送你们两个一人一张笑脸作为祝贺！

　　师：还有谁已经找好了朋友，请带上你的名片到前边来，让我们一同分享你交友的快乐吧！

　　4. 交友规则

　　师：同学们，你们想不想也像李×、宋×同学那样，把自己的心里话告诉你的好朋友，并交到自己最满意的朋友？

　　生：想！

　　师：接下来老师就给大家这个机会。请看交友规则：

　　（1）《找朋友》的音乐结束，必须回到座位坐好。

　　（2）交朋友时，千万别忘了交流语和交换交友卡。

　　（3）要有诚意，注意礼貌用语。

　　师：赶快准备好你的名片，听着欢快的音乐，和你的朋友面对面交流吧！

　　（音乐响起，交友大会开始。）

　　师小结：今天我们都将自己的优点告诉了自己的朋友，又看到朋友身上都有那么多可爱的地方，每个同学也都知道了自己身上同样有很多让人喜欢的地方。我们生活在朋友中间，是多么快乐！我相信每个同学都能和朋友一起快乐地成长，也能勇敢地认识更多更好的朋友。

请每个同学在课余时间亲自设计"夸夸你，真快乐"友谊卡，送给自己的朋友，作为你们友谊的见证，好吗？

六、教学效果

1. 同学之间关系更亲密了，能够建立良好的人际关系。

下课铃响了，同学们还沉浸在刚刚的喜悦中。有的同学继续拿着交友卡去找朋友，明显课上给他们的时间不够。有的同学之间相互展示自己的交友卡，喜悦和羡慕的表情洋溢在脸上，有的同学和新交的朋友一起手拉手出去玩了。

2. 科任课上回答问题的同学更多了，班风班纪有着极大的改善。

同学们收获了自信，尝到了展现自我的自豪感，课上回答问题更加积极了，科任课也收到了科任老师的一致好评。

3. 懂得欣赏别人的优点，尊重他人的付出。

本课中尊重教育一直贯穿全课，授课之后，同学们之间的礼貌用语变多了。和老师交流中也流露出对老师的尊重。

七、教学反思

本课中除了找朋友的游戏外，还有与老师亲密接触的环节，拥抱或者握手，自我介绍环节，汇报成果的环节等。不但为学生提供了丰富多彩的语言表达机会，还站在学生的角度，从学生年龄特征和认识规律等方面，进行课程的设计，让学生在人际交往、情绪管理、团队建设等方面都得到了相应的锻炼。在未来的班会活动中，我们将持续以学生为中心，通过各种有趣的交流，建设优秀的班级和团队。

掌握沟通技巧，建立良好人际关系
——四年级心理健康课《我想对你说》教学案例

一、教学目标

1. 加强学生的心理健康教育，对学生心理问题进行疏导，培养健康活泼、乐于进取的"四好少年"。

2. 教育学生掌握沟通技巧，提高其与同学、老师、家长的沟通质量，形成良好的人际关系。

3. 培养学生良好的自我管理能力，以健康的心态、良好的情绪、积极的思想，去面对学习和生活。

4. 加强班级管理，让每一位同学参与其中，形成团结力量、增强班级凝聚力。

5. 着重培养学生换位思考，多角度思考问题的能力，培养学生律己宽人的优秀人格。

二、教学重点

通过活动，教育学生知道如何与同学、老师、家长进行沟通，同时掌握沟通的技巧与方法。

三、教学难点

唤醒学生沟通的意识，让学生拥有一个健康的心理，更好地团结同学、增强班级凝聚力。

四、教学分析

1. 背景分析

进入四年级后，学生们的心理发展也有着较大的变化。

首先，自我意识越来越强；其次，迫切需要得到别人的承认与认可。但在日常生活中，很多学生在与同学、老师、家长的沟通中，往往不是很通畅，较易产生误解和矛盾。如学生间摩擦不断、师生关系紧张、亲子关系不和等，对于学生的身心健康成长十分不利。期待，通过开展系列"我想和你说"主题活动，打开学生与学生、学生与老师、学生与家长交流沟通的大门，让学生以健康乐观的心态，快乐度过每一天。

2. 学情分析

（1）在班级里，朝夕相处的同学之间会因为一些鸡毛蒜皮的小事，而"大动干戈"，严重影响班级建设。

（2）日常生活中，我们也经常会由于个人的偏见，相互指责，导致交流不畅，矛盾摩擦逐渐升级，不利于良好人际关系的建立。

五、教学过程

1. 创设情境

分享快乐，可以让快乐翻倍；分享痛苦，可以让痛苦减半。同学们！今天你的快乐有没有人和你分享？你的脑海中还有昨天别人安慰你的印象吗？当别人享受成功的喜悦时，你是否真诚地为他喝彩？当别人忍受失败的忧伤时，你是否为他分担一份悲哀？我们如何才能赢得同学们的掌声与喝彩呢？

2. 同学我想对你说

（1）问题观察

【设计意图：促进同学间的沟通和交流，引导学生通过沟通的方式解决问题，避免暴力行为的出现，维护同学间的友谊。】

提出交流公约，当发生以下情况时，你应当如何应对呢？

因为下雨，体育课改在室内进行，当同学们在室内做操时……

中午自修时，同学们在教室里安安静静写作业……

当一个不起眼的无意发展到震天动地的打闹时……

当一个微不足道的过线升级为口水飞溅的争辩时……

师：同学们，当我们涨红了脸，袖子挽起来准备大打出手时，你们有没有想过你如此冲动的原因是什么？

（学生讨论）

……

师：当我们没有弄清楚原因就责备别人时，你们有没有想过你如此莽撞的后果是什么？

（学生讨论）

……

师：通过交流讨论，让我们一起制定一份沟通公约吧！

（2）实施策略

针对公约，让我们一起结合自身经历，讨论一下实施策略吧！

①我的行为不对，因为同学之间的摩擦往往只是一个误会，如果退一步想想别人不是故意的，用一种宽容的态度来对待就不会发生这样的矛盾冲突。

②同学之间如果用真诚的态度进行交流沟通，懂得谅解，就能有效地化

解矛盾，班级里的打闹就会减小。

③我很想说：不要总觉得别人碰你是故意的，如果你换位思考一下，你不小心踢了别人，你是否很想得到对方的谅解呢？希望你能调整自己的心态。

④有时没有必要为这点小事大吵大闹，其实在平时的日常生活中，只要能够心平气和地进行交流，我们就能友好地与同学相处。

⑤我也是一个脾气暴躁的人，我也曾经与同桌发生过这样的冲突，我要尝试着改变自己，善于沟通，懂得谅解，与班级的每一位同学处好关系。

⑥班级里经常发生的矛盾摩擦，如果我们能够想一想，让一让，用一种友好的态度进行交流，或许对方就不会生气，也会心平气和地与你沟通，那么我们的班级就会变得和谐而且团结。

（3）效果呈现

教师总结：的确，良好的交流沟通是开启心灵的金钥匙。如果交流不畅，那产生的危害可真不小，愈合的伤疤难掩受伤时的痛楚，神气的眉宇不解祸起的恐惧。如果当时想一想，交流也许解决了矛盾，如果当时让一让，沟通或许向好的方面发展，真诚的沟通是维系情感的润滑剂，友好的交流是化解矛盾的催化剂。让我们请出同学之间友好相处的"阳光小屋温情小贴士"，不妨让我们一起来听一听！

学生情感互动：

生1：我明白了应该尊重你身边的每一个同学，真诚地对待每一个同学。比如，我和××同学有矛盾，我首先要给她道歉，我们一定会恢复友情的。

生2：我觉得应该主动地发自内心地为大家服务，特别是在同学遇到困难时更要主动帮助他（她）。比如：又一次上体育课××同学不舒服，我就把她搀扶进教室。

生3：在生活中要多看别人的长处，不背后议论别人；不嫉妒别人。

生4：懂得关心别人。因为你有得到别人关心的需要，别人也有同样的需要。你越关心别人，你在他生活中的重要性越会因之而得到增加，自然地他也会转而关心你。

教师总结："金无足赤，人无完人"，不要因为某人有缺点，就轻易地嫌弃他，远离他。接纳他们，并诚心地帮助他克服缺点和毛病。一旦别人感受到你真诚的悦纳，自然就会心悦诚服地和你处好关系。

3.老师我想对你说

【设计意图：促进师生间的沟通和交流，引导学生通过沟通的方式与老师交流，换位思考相互理解，促进师生间的关系。】

（1）问题观察

师：如果说父母是大树，老师就像园丁，培育着我们这一株株含苞欲放的花朵。在学校里，老师教给了我们知识与做人的道理。在生活中，老师给予了我们无私的关怀与照顾。那么在日常生活中你是怎样与老师进行沟通交流的呢？在平时的学习中，你有没有将自己的心里话说给老师听？当我们有不能解决的难题时，主动与老师沟通了吗？当我们埋怨老师处理不公时，主动与老师沟通了吗？当我们埋怨老师不能听进我们的意见时，主动与老师沟通了吗？当我们觉得被老师误解时，主动与老师沟通了吗？沟通产生理解，理解产生信任。信任产生友谊，友谊共生和谐。

（2）效果呈现，学生讨论，换位思考，学会沟通

生1：我们如果能从老师的角度、立场考虑问题，设身处地地为老师着想，就能理解老师的想法，从而顺利地化解师生间的冲突。

生2：我们要正确对待老师的表扬和批评。我们都知道老师的表扬是肯定，是鼓励，是期待，但我们更要理解老师的批评是爱护，是激励，也是期待。

生3：表扬好比加油站，在体验成功时更要再接再厉。批评好比防疫站，要做到有则改之、无则加勉。同时我们要原谅老师的错误。作为普通人，老师不可避免地会犯错误，老师希望你原谅他的错误，正如你希望他原谅你的错误一样。用恰当的方式指出老师的错误是对老师的尊重。

生4：只要我们能主动和老师沟通，就能与老师心相印、情相融，就能快乐地学习，更快地进步，健康成长。

生5：世上最宽阔的东西是海洋，比海洋宽阔的是天空，比天空宽阔的则是人的胸怀。交流沟通时，既需要我们有豁达和宽广的胸怀，也需要自己要有一个良好的心态。

教师总结：多一些交流，少一些隔阂；多一些沟通，少一些误会；让交流与快乐为伴！让交流为幸福导航！

六、教学效果

1.加强学生的心理健康教育，加强对学生心理的疏导，争做一名健康活

泼、乐于进取的四好少年。

2. 通过活动，教育学生知道如何与同学、老师、家长进行沟通，同时掌握沟通的技巧与方法。

3. 通过教育，拥有一个健康的心理，更好地团结同学、增强班级凝聚力。

七、教学反思

在未来的课程中，教师应在以下几个方面，对学生提出要求和帮助：

改变自己。同学关系紧张的人，大多在性格和习惯方面有些毛病。另外，有的人还有不少影响他人的坏习惯，或经常有令人讨厌的举动，这都会影响到同学关系。所以，有意识地改变自己的不良性格和习惯，也应作为处好同学关系的一条重要措施。

加强交往。良好的同学关系依托于互相的深入了解。要达到彼此了解，就要加强交往，出现问题多多沟通交流，在思想和态度方面保持一致或者相似。

完整人格。因为每个人都有其独特的个性，与同学相处时，固然需要迁就别人的需要，持比较随和的态度，但有时也要坚持自己的原则，这样才能得到同学的信任和尊敬。

学会倾听，做自己的管理者

——二年级班会课《叫醒小耳朵，收获会更多》教学案例

一、教学目标

1. 通过听故事，了解"倾听"老师讲话和同学发言是对别人的一种尊重并懂得"倾听"的基本要求。

2. 通过活动，体验当自己讲话时，大家都认真倾听受重视的感觉，感受无人倾听时被忽略的心情。

3. 通过活动，学会如何利用眼神、动作等表示自己在认真倾听，学会如何用心倾听别人的发言。

二、教学重点

1. 了解什么是不良倾听者。

2. 鼓励学生认真倾听，在他人发言时，做好自我管理。

3. 培养良好的倾听习惯，学会利用表情、动作等来回应发言人，表达自己良好的倾听状态。

三、教学难点

1. 改正学生的左耳朵进，右耳朵出的不良倾听习惯。

2. 尊重他人，学会倾听，学会给予发言者积极的回应。

四、教学分析

1. 背景分析

国家出台了减轻义务教育阶段学生作业负担和校外培训负担的"双减"政策。这一政策旨在坚持五育并举，促进中小学生德智体美劳全面健康发展。落实"双减"政策，不仅要减负，更要提质增效，这就对孩子提出了更高的要求，要求孩子们具备更高、更好的行为习惯。

小学阶段是培养习惯的关键期，一二年级是最佳期。"少成若天性，习贯（惯）如自然。"本节班会从学生成长中的问题出发，教给学生倾听的方法，继而学会倾听，从而把倾听习惯落到实处。《小学生日常行为规范》第二条指出："好学多问肯钻研。上课专心听讲，积极发表见解，乐于科学探索，养成阅读习惯。"因此，培养学生"良好的倾听习惯"，正是很好地落实《小学生日常行为规范》的要求。

学生已经入学一段时间了，但是班级中仍有部分孩子上课时经常乱说话，不倾听他人发言等现象。为了改善这一现状，引导学生意识到这个现象是一个"问题"，帮助他们掌握认真倾听的方法，我设计了"叫醒小耳朵，收获会更多"这一主题班会，让学生掌握倾听的好方法，从而养成良好的倾听的习惯，为进一步培养学生良好的行为习惯打下基础。

2. 学情分析

二年级1班一共有学生28人，其中女生16人，男生12人。孩子们活泼好动，部分孩子的倾听习惯多多少少都存在着问题。由于孩子是家中的"小太阳"，所以孩子处处以自我为中心，不喜欢听别人说话，在别人刚开始说话时，他们就喜欢迫不及待地插话；还有的孩子会努力表现出自己是在认真倾听，坐得很端正，渴望得到老师的肯定、表扬，但实际上却是左耳进、右耳出。

五、教学过程

1. 故事导入，引出主题

师：我们一起来听一个小故事吧！故事的名字叫作《我，我，我知道》。

师：同学们，故事听完了，你们知道这次真正的比赛规则是什么吗？

师：那故事的主人公嘎嘎最后取得赛跑的胜利了吗？为什么呢？

师小结：是呀，嘎嘎最后没有取得赛跑的胜利，是因为前两次在村长说比赛规则时，他都只听了一半，没等村长说完比赛规则，就匆忙地跑了，最后他不但落在别人后面，而且连成绩都不算。所以，认真倾听别人说话是非常重要的。因此，我们今天召开"叫醒小耳朵，收获会更多"主题班会，希望大家能在今天的班会中学会认真倾听别人说话。

【设计意图：通过故事《我，我，我知道》，既激发了孩子的学习兴趣，又能让孩子在倾听故事中感受到认真倾听对于信息捕捉的重要性，奠定认真倾听的基础。】

2. 活动体验，学会倾听

（1）游戏体验：不受欢迎的倾听者

师：孩子们，有很多时候，我们听到了笑声，却感受不到儿童的纯真；可以听到哭声，却感受不到别人的悲苦。这是为什么呢？

师：到底是什么原因会影响我们的倾听呢？下面我们就来做一个小游戏。

①讲述游戏规则。②游戏体验。③游戏分享。④生活中举例。⑤了解不良倾听行为背后的意思。

师：当倾听的同学感到不高兴、不舒服了，遇到了烦心的事，那他的这些行为有可能在向说话者传递什么样的信息呢？

A. 身子不停转来转去、不停地变换站立姿势

B. 双手交叉抱在胸前，脚无节奏地敲着地面

C. 两腿交叉或脚跷起来，不时摇晃

D. 打哈欠、伸懒腰

教师总结：怎样做才能受到别人的欢迎，做一个受欢迎的倾听者呢？下面让我们一起进入"倾听训练营"，一起来探寻"倾听"的方法。

【设计意图：活动体验是小学生比较感兴趣的一种活动形式和教学手段，学生在亲自参与的活动中，在似曾相识的场景里能有比较切身的感悟。】

（2）懂得倾听的秘诀

①游戏"老鹰、小白兔"。

②学生活动，并讨论：大家都做对了吗？为什么大家在游戏中反应得又快又准确呢？

教师小结：由此可见，我们要学会倾听，首先要做到——专心。

【设计意图：利康宁和达维多夫认为，儿童的主导活动可以分为六个阶段，而低年级学生正处于第三阶段"游戏活动（3~7岁）"和第四阶段"基本的学习活动（7~11岁）"之间。要让学生进行有效活动，最好的方法就是"在游戏中学习"。这样既激发了孩子的兴趣，又能让孩子在游戏中感受到倾听时首先要做到认真、专心，比教师的说教更重要。】

③如何做到专心呢？阅读绘本《倾听和学习》。

师：怎样做才是专心的听呢？那就让我们随着卡拉一起去看看发生了什么吧？

（播放课件《倾听和学习》）

师：绘本看完了，通过刚刚的绘本阅读，你觉得卡拉和他的朋友们做得怎么样？他们哪里做得好？你能具体地说一说吗？

教师总结：我们就通过一个 PK 游戏来检验一下，你们是否将学到的内容记在心中。

【设计意图：绘本是学生比较喜欢的一种书，他们可以从绘本中得到感悟，因此，利用绘本的学习，使学生更加清楚地了解到如何做才是认真、专心的倾听。】

3. 情景剧：做一个受欢迎的倾听者

师：通过刚才的分析和游戏活动，我们已经知道如何去做才是一名受欢迎的倾听者了。那我们继续玩前面的游戏。

（1）根据活动要求完成活动。

（2）分享感受。

教师总结：是啊，专心的倾听，能让我们获得更多的信息，也可以充分表达我们对说话者的尊重，受到更多人的欢迎。

【设计意图：低年级小学生无意注意占主导地位，教师应对孩子进行正向的引导和强调，使其加深印象，同样的情景，同样的听众，不同的表现会产生不同的感受，根据前面环节的学习，让孩子们再次完成同样的任务。不同的是，这次倾听者的行为是经过治疗后的合格表现，再让说话者谈谈此时的感受，形成鲜明的对比，让学生明白合格的倾听行为是对别人的一种尊重。】

4. 升华情感，总结延伸

总结：同学们，通过今天的班会我们学到了很多倾听的方法。老师将这首小儿歌送给你们，人说话，安静听；不插嘴，不乱评；听完整，再提问；态度好，懂文明。愿你们都能养成良好的倾听习惯，做一个会听讲的好学生，在倾听中学到知识，在倾听中学会思考，在倾听中获得成长。

【设计意图：在整个小学阶段，儿童的抽象逻辑思维带有很大的具体性。因此，由教师将倾听的要求用拍手歌的形式表现出来，朗朗上口，方便学生记忆和学以致用。】

师：同学们，接下来，我们要利用21天养成计划，开展"倾听小达人"的活动，通过倾听卡进行习惯的培养与巩固，快来报名参加吧！

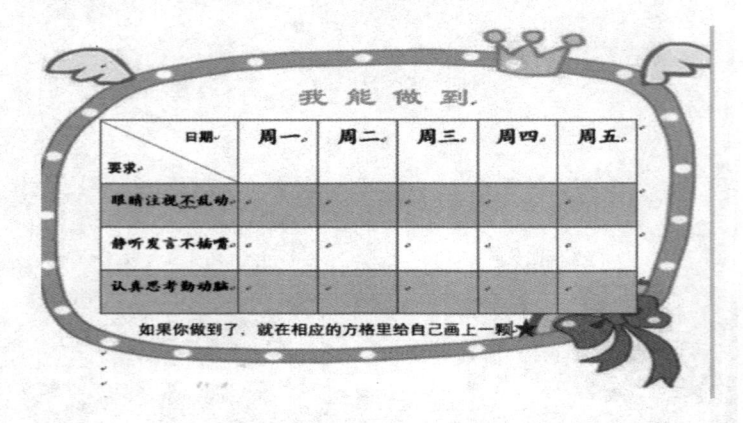

我能做到

要求\日期	周一	周二	周三	周四	周五
眼睛注视不乱动					
静听发言不插嘴					
认真思考勤动脑					

如果你做到了，就在相应的方格里给自己画上一颗★。

六、教学效果

1. 在课堂中，同学们的学习态度和听课状态有了很大的改观，部分注意力不集中的同学，也有了很大的进步。

2. 在课前三分钟演讲中，同学们做得也越来越好了，不但有讲的，还有评的，说明同学们既认真准备了，也认真倾听了。

3. 演讲者在得到老师肯定的同时，在同学之中，也逐步发展了一些交流的对象，对于学生语言表达和人际关系的建立，有较大的促进作用。

七、教学反思

小道理与多种形式统一。本节班会以童话故事为切入点，教师与学生一起寻找不受欢迎倾听者的原因，通过小活动、小故事、小游戏帮助学生懂得倾听的重要意义，通过绘本故事帮助他们掌握倾听的方法，从而帮助学生初步养成良好的行为习惯，为进一步培养学生良好的行为习惯打下基础。

品时间之重，学管理之法
——二年级班会课《有效的时间管理》教学案例

一、教学目标

1. 畅想心中美好生活，讨论实现美好生活需要努力，体会生活不能一味追求享受，也要做有意义的事。
2. 在填一填过程中，体会自我合理安排时间能让生活既丰富又精彩。
3. 在讨论班级拖沓现象中明晰拖沓原因及解决方法。
4. 制作自我管理表格中收获合理安排时间方法，培养自我管理的好习惯。

二、教学重点

1. 让学生深刻认识时间的重要性，重视时间管理。
2. 教会学生合理利用时间，养成良好的生活习惯。

三、教学难点

1. 合理安排时间的方法。
2. 自制表格，合理地安排时间。

四、教学分析

1. 背景分析

"双减"以来，国家倡导坚持以习近平新时代中国特色社会主义思想为指导，全面贯彻党的教育方针，构建教育良好生态，有效缓解家长焦虑情绪，促进学生全面发展健康成长。遵循教育规律，着眼学生身心健康成长，减轻家长负担。

2. 学情分析

拖延现象在目前中小学校及班集体中以各种方式存在，课上的事情拖到课下甚至回家。将今天的事放到明天有时候甚至忘记……每天家长疲惫着急，孩子自己不紧不慢。长期的拖延行为不仅会导致学生成绩的下滑，干扰学生正常学习和生活，也会导致各种家庭问题。从而引发学生的焦虑、压抑、内疚、自责等消极情绪，对个体的身心健康造成影响。拖延行为成为学校教育、班级教育、家校合作的一个普遍存在且棘手的问题。而形成这种状态是因为家长取代了孩子自身管理的角色，学生对自己的生活与学习不能进行合理的安排。因此学会自我管理时间对于现阶段而言尤为重要。

五、教学过程

1. 创设情境：一起畅想美好生活

师：孩子们，你们觉得每天怎样生活会很开心？

（学生畅想说一说）

师：你有什么梦想吗？

（各种梦想滔滔不绝）

师：这些梦想都需要你有哪些本领？

生：好好学习，专心听讲，课堂写作业……

教师总结：原来要实现心中向往的梦想需要学会很多本领，每天看电影、吃好吃的是不行的，需要通过努力学习本领。

【设计意图：在畅想美好生活中，明确实现美好生活需要努力，体会生活不能一味追求享受，也要学本领做有意义的事。】

2. 感受时间规划的重要性

活动1：调整摆放顺序初步感受安排顺序的重要性。

师：大家玩一个填填乐游戏。

活动要求：（1）请独立用手中的活动材料把透明杯子装满。（2）想一想你是如何装的。

预设：学生把大块的物体（方块、长方体、圆柱体、球等）无序地填在盒子里。

师：为什么你们装得有的多，有的少？

（投影展示：同样的材料，有的装得多，有的装得少。）

生：因为有的装得松，有的装得紧。

生：装的方法不一样。

师：怎么装就装得多了？

生：先装大的，后装小的。

师：请你用刚才说的方法再装一次。

（全班动手先装大后装小）

师：你们怎么这次都装下了，有的还有剩余的空间，这又是为什么？

生：因为我们调整了放积木的顺序。

师：容器没有变原来我们只是稍微地调整了一下顺序，并且根据物体的大小去安排积木的位置，结果就全装下了。

【设计意图：通过调整物体摆放顺序，装入更多物品，体会改变顺序能利用更多空间。体味合理安排事物顺序能做更多的事情。】

活动2：填豆子和水感受见缝插针使利用空间更大。

师：这个杯子满了吗？还能再填吗？

师：怎么才能装满？

生：再装小一点的。

师：老师再给你们一人一碗豆子我们再填一填，请你倒进去试一试。

生：满了。

师：还能再装吗？

生：不能。

（老师再次将水倒入杯子中）

师：当你们都觉得装满了怎么还能装半杯水？

生：水又填了缝隙。

师：原来水也在杯子里挤了挤，填了填。

教师总结：我们平时的生活就像这个填填乐游戏一样，小杯子就像生活中的时间，它们都是同样多的。大的物体就是我们每天要做的重要的事情，小的物体就是小的事情，只要你合理计划抓住缝隙时间有序地挤一挤、填一填。既能学到很多本领也能享受美好的生活。

【设计意图：填一填活动中感受见缝插针使利用空间更大。体味人的时间也是如此，合理安排和抓紧时间让我们的时间更富裕，生活更丰富。】

3. 解决班级课间问题

（1）回顾班级问题——音频猜心声游戏。

师：在咱们班也存在着一些问题。下面请你猜一猜这是谁的心声。（老师播放录音）

组长录音：他怎么又忘记收拾桌面了，果汁还洒在地上，我要赶紧把他叫回来。

师：请你猜一猜这些都是谁说的话？

（学生观看班级课间视频）

师：这就是每当看到你们桌面混乱，听到你们小果汁泄漏后我和组长的心声。也有你们自己觉得课间太短忙不过来的心声。

（2）明确课间任务。

师：下课的时间怎么那么短？为什么有的同学既能完成学具准备，喝水，上厕所，还能利用课间把每天的500个跳绳完成？为什么有的孩子却连上厕所也没时间。我们课间都需完成哪些事情呢，请你说一说。

生：喝水，上厕所，收拾桌面位子，摆下节课的书，跳绳，玩耍。

（3）结合班级情况分析时间不够的原因。

师：这么多的事情，为什么有的人能完成，有的同学却完不成？

生1：他一边玩一边收拾，最后收拾完了就没时间了。

生2：收拾一半就跑出去玩了。

生3：他们下课和同学说话就没有收拾。

……

师：你们刚才说的这些现象都是因为不能有计划地完成事情。

（4）小组讨论习得解决问题的方法。

师：怎么做就都能做完下课的这些事？请每组讨论你的课间如何安排，并把你的方法贴在黑板上。

1. 我们课间都需要完成哪些事情呢？

2. 为什么有的同学总是完不成？

3. 怎么就能把课间任务全部完成？

（1）请你说一说，你有什么好的建议送给大家。

（2）请每个小组摆一摆你的课间安排先后顺序。

（3）请小组间讨论你觉得哪种方法最合适。

（4）我们来计时试一试，看看自己的安排能不能完成。

如果你赞同他的想法，请把你们组的小花贴给他。

（5）在做一做，测一测实践中合理安排课间。

师：我们来试一试刚才的方法效果如何，老师给你们计时测一测。

（喝水计时，收拾桌面计时，加上上厕所的时间。）

师：因为你们有计划地安排了每一件事情，还富裕了6分钟玩耍的时间，你们真了不起。

【设计意图：多角度呈现班级问题，建立共鸣。明确课间任务，结合班级情况在讨论中分析问题产生原因。以贴摆形式在模拟课间活动中安排课间活动。在计时实践活动中感受合理安排的可行性，让学生从心理上认同自我安排。】

（6）制作小小时间表。

师：在学校你们把课间安排有序有效，回家后你也是自己的小主人，能自己安排在家的生活。请你动手贴一贴课后你的"自我管理表"。

我是时间的小主人
1. 请你自己计划回家后如何安排自己的时间，把你的想法贴在单子上。
2. 请把学习的项目涂上你喜欢的颜色。

师：（展示表格）说一说你是如何安排的。

教师总结：时间是最公平的，不管我们愿意不愿意，它都在不停地走着。善于利用时间的人既能享受生活的美好，也能体会到自己的进步，希望在今后的每一天中你都能很好地安排自己的生活。那么今天的主题班会到此结束。

六、教学效果

首先，在实践过程中，学生们认识到了合理安排时间的重要性和必要性，如在相同的时间段内，合理的安排要比杂乱无章地做事，效率更高，而且心情也很愉悦，很有成就感。

其次，学生们通过时间表的制定，切实学到了合理安排时间的方法，能够更好地、更有计划地安排自己的生活和学习，有效避免了拖延症的发展。

最后，在时间管理中，同学们也形成了良好的学习氛围，在相互的竞争中，大大地提高了学习成绩，班风、班纪也有了更大的改观。

七、教学反思

本次班会从始至终以活动贯穿。在一个"填一填"活动中,学生经历了三次填物品的过程层层深入地理解了时间和填物品的过程是一样的。只要你合理安排并善于抓紧和利用时间,总会有富余的时间完成自己想做的事情。通过学生的随笔引入班级问题。让学生发现课间真实存在问题,但不是时间不够而是有很多不良的行为影响着课间活动的时间。在讨论中让学生发现安排时间的方法和改进的措施。最后,大家一起做家中的计划表,延展活动培养好的习惯。整堂课让学生在活动中感悟,在操作中理解,在讨论中明晰,在延展活动中养成好习惯。

同样也存在一些问题,比如学生分工的问题,在学生小组合作时,分工应该更明确、更细致。

承担责任,履行义务
——四年级班会课《取"责任"之真经》教学案例

一、教学目标

1. 通过"护蛋"体验,激发学生参与兴趣,体会承担责任需要坚持与方法。
2. 通过故事,引导学生初步理解责任的价值与意义。
3. 通过小品表演,引导学生初步认识到承担责任可以让自己成长得更好。
4. 通过交流,挖掘学生在责任行为方面做得好的行为,并强化因此而受益的愉悦感受。

二、教学重点

1. 帮助学生理解责任的价值与意义,引导学生主动负责,主动承担班级事务。
2. 通过观看表演引导学生表达自己的意见与看法,深刻理解何为责任。
3. 鼓励学生参与,挖掘学生的兴趣和特长,并进行适当的引导。

三、教学难点

1. 就班会主题,引导学生发表看法。
2. 结合学生的已有认知,引发学生对于责任内涵的理解,并能够举例说明或者以身作则。

四、教学分析

1. 背景分析

责任心是指个人对自己和他人，对家庭和集体，对国家和社会所负责任的认识情感和信念以及与之相应的遵守规范、承担责任和履行义务的自觉态度。

责任感的培养需要贯穿学校教育的各个阶段。小学中段学生对责任的认识处于萌芽阶段，对责任有基本的认识，能够初步辨识责任行为，但在承担责任的过程中，因为自我管理能力有限，导致责任意识和责任行为的较大个体差异。让学生清晰地掌握责任的内涵，特别是能够在各自的基础上提升责任意识，懂得负责任做事的方法，强化责任行为，就非常有必要。

2. 学情分析

我们班的学生在认知上基本知道什么是自己该做的事情，知道做错了事情要承认并改正。但落实到生活学习中去，知行脱节，很多时候表现出责任意识淡薄，如自觉性差，不能约束自己，学生们都非常热情，愿意接受老师交给的任务，但干什么事情都三分钟热度，之后便把事情抛之脑后。

另外，学生对责任的要求也是不全面的（不是只要自己学习好就可以了）。即使是对"责任"认知水平高一些的学生也没有形成具体的做事方法，只是在实践中积累经验。对今后的做事起到的指导作用微弱。

五、教学过程

1. 创设情境

一起做"找朋友"的小游戏。（老师说数字几，就几个同学抱在一起）

2. 体验并认知"责任"

（1）回顾挑战的任务：把生鸡蛋随身携带一节课，保护鸡蛋安全。（课前告知活动要求并体验）

（2）交流在这个过程中的感受并说明原因。

生1：开心，因为把鸡蛋保护得很好。

生2：沮丧，因为把鸡蛋弄坏了。

生3：庆幸，虽然鸡蛋裂了，但由于采取了保护措施，最终没有坏。

（3）讨论保护好鸡蛋的原因。

A. 心里一直想着。

B. 遇到困难想办法。

C. 舍小求大。

引出教学重点：责任。集体思考：你认为责任是什么？

师：当老师布置"护蛋"的任务的时候，我们每个人身上便有了责任，对吗？（板书：责任）

师：平时生活中，什么是"责任"？同学们用各种方法"护蛋"，就是负责任的表现。

师：在平时生活中，有一些人就十分"负责任"。请看这条新闻报道！

【设计意图：通过"护蛋"体验，激发学生参与兴趣，体会承担责任需要坚持与方法。】

3. 故事启发

（播放视频：公交司机开车时发生心梗，临死前紧急刹车。）

师生交流：司机如果不踩下刹车，将会有什么样的后果？乘客如何评价这位普通的司机？

教师小结：开好车，保护乘客安全是一个司机应该做到的。司机师傅只是一个普通的公共汽车驾驶员，在生命最后一刻，都没有忘记自己的责任。就是这份责任心挽救了多少的生命，为国家为人民挽回了多少损失啊！

【设计意图：通过故事，引导学生初步理解责任的价值与意义。】

4. 分析班集体实际问题及原因

师：在我们班级生活中，我们班同学十分热情，愿意接受任务，但最后的结果却不太令人满意。请看情景剧表演。

（1）展示全班不负责的现象（情景剧表演《"检"指甲那点儿事》《板报风波》《我是小老师》）。

（2）思考与讨论。

师：这些主人公的行为都是不负责任的表现。（讨论：是什么阻碍了他们将任务很好地完成？我们该怎么做？要求：参与演出的小演员，不参与本小组讨论）

全班交流。

【设计意图：通过小品表演，引导学生初步认识到承担责任可以让自己成长得更好。】

（3）情景剧表演B剧《改变后》。

①观察他们的变化（边汇报，边贴头像）

情景剧：《"检"指甲那点儿事》

之前：卫生委员检查指甲，虎头蛇尾，下课了，没有检查课上没检查到的学生。

转变后：认真负责，赢得同学们的赞扬与认可。（出示图片：唐僧）

（板书：心存执念、永不放弃）

情景剧：《板报风波》

之前：出板报，不能及时完成。

转变后：想办法及时完成，王同学竞选为学校大队委，并获得"宣传委

员"一职。（出示图片：孙悟空）

（板书：想方设法、排除万难）

情景剧：《我是小老师》

之前：答应教××同学不会的题目，可是课下不见踪影，还骗老师。

转变后：认真负责，会带着××同学找老师汇报自己的学习进展，他的能力得到了提升。（出示图片：沙僧、白龙马）

（板书：甘于奉献、任劳任怨）

师：有过失就干脆不干是不负责任的表现。以上几个人转变后的共同特点是什么？（出示图片：猪八戒）

（板书：知错就改）

②请出表演中的生活原型人物，教师表扬

③展示个人成长

俗话说：送人玫瑰，手有余香。是的，就在你们默默付出的时候，你们收获了意想不到的成果。你看！……你看……你听。（出示同学成长的高光时刻）

师：你们什么心情？（出示：马斯洛需要层次理论）

师：这是你们成长的快乐。（板书：成长的快乐）

（4）寻找我们身边的榜样（不要忽略了小人物）。

【设计意图：通过交流，挖掘学生在责任行为方面做得好的行为，并强化因此而受益的愉悦感受。】

（出示诗歌《责任》）

责任是朝霞。

催人奋进，展示才华，

发家致富，兴我华夏。

责任是马达。

驱动机车，带动上下。

造福人类，当牛做马。

责任是砝码。

量你品质，称你骨架，

评你身价，论你人格。

5. 教师总结

《西游记》是我们每一个人心中的经典，"负责任"是我们成长、成熟、成事路上的毕生追求。通过一节课的努力，大家一起寻找到了"负责任"的方法，取得了真经。希望在任何"责任"面前，你能像唐僧一样心中无杂念，一直想着自己的目标。遇到困难，像孙悟空一样想办法，排除万难、降妖除魔。即使有过失，也千万不用怕，心中记着猪八戒的优点——知错就改。如果你能再像沙僧和白龙马一样甘于奉献就更完美、更伟大了。

金无足赤，人无完人。班级的事务需要大家共同管理，咱们班藏龙卧虎，你可能是唐僧，我可能是孙悟空，他可能就是沙僧或是白龙马，如果我们团结起来，也能取得责任之真经，把我们班集体建设得更好。

【设计意图：我们班级中的学生能力全面的比较少，需要调动大家的积极性，分别发挥他们的优势，扬长避短才能达到更好的效果。】

六、教学效果

1. 学生们对于责任有较具体的认知，对于班级工作更加支持，积极性也有了很大的提高。

2. 在取经的道路中，能够充分地发挥学生的优势，取长补短，学生的能力得到了全面的发展。

3. 在班级管理中，做实事的学生多了，班级问题变少了，大部分同学都能够高质量地完成自己所负责的任务。

七、教学反思

我们班针对学生们做事不负责任的问题，开展了《取"责任"之真经》的班会。为了便于记忆"负责任"的方法，针对中年级学生年龄特点及认知特点，我将《西游记》中的师徒几人设计到班会中，他们每个人物分别代表不同的负责任方法。唐僧的特点心中无杂念，一直想着自己的目标；孙悟空的特点是遇到困难想办法，排除万难、降妖除魔；沙僧和白龙马的特点是甘于奉献、任劳任怨；猪八戒的优点是知错就改。学生通过体验活动就能紧紧抓住这些人物特点，了解负责任的四个方法，且不容易遗忘。班会结束后，利用墙报专栏，我们班继续开展"负责任"的评比。一学年下来，班中学生管事的多了，主动做事的多了。而且我们班的学生平日里锻炼自己，在学校开展的各项活动中自信地展示自己。多名同学在学校组织的重大活动中主动承担任务,他们对工作认真负责,能够高质量地完成,得到全校老师和同学们的一致好评。

自己的事情自己做

——二年级劳动课《物品整理我能行》教学案例

一、教学目标

1. 在观察、比较、交流中,通过师生、生生之间的互动,初步体会分类的含义和方法,感受分类在生活中的作用。

2. 能按一定的标准,对物品进行整理分类,初步体会对物品分类的过程就是寻找事物共同属性的过程。

3. 培养学生有计划、有条理做事的习惯,使其初步体会"自己动手,丰衣足食"的成就感。

4. 提高学生的自理能力和自我管理水平,养成良好的生活习惯。

5. 激发学生的家庭责任感和集体责任感,树立自立自强的意识。

二、教学重点

1. 经历分类的过程,学会按一定的标准或自定的标准进行分类。

2. 使学生体会劳动的成就感,激发学生参与劳动的积极性,提高学生的自理能力和自我管理水平。

三、教学难点

对物品进行合理的分类与整理。

四、教学分析

1. 背景分析

近年来,在一些青少年中出现了不珍惜劳动成果、不想劳动、不会劳动的现象,劳动的独特育人价值在一定程度上被忽视,劳动教育正被淡化、弱化,对此全党、全社会高度重视,学校应采取有效措施切实加强劳动教育,将其纳入人才培养的全过程。通过劳动教育，学生理解和形成马克思主义劳动观，牢固树立劳动最光荣、劳动最崇高、劳动最伟大、劳动最美丽的观念；体会劳动创造美好生活，体会劳动不分贵贱，热爱劳动，尊重普通劳动者，培养勤俭、奋斗、创新、奉献的劳动精神；具备满足生存发展需要的基本劳动能力，形成良好劳动习惯。

2. 学情分析

在最新的《义务教育劳动课程标准（2022年版）》中，小学低年级是以个人生活起居为主要内容，重在培养学生的劳动意识和劳动安全意识，使学生懂得人人都要劳动，感知劳动的乐趣，爱惜劳动成果。如指导学生完成个人物品的整理、清洗，进行简单的家庭清扫和垃圾分类等，树立自己的事情自己做的意识，提高生活自理能力；适当地参与班级集体劳动，主动维护教室内外环境卫生等，培养集体荣誉感。

五、教学过程

1. 创设情境，激发兴趣

师：今天，我们的两个好朋友淘气和笑笑邀请大家参观他们的房间，你们想不想去看一看？（课件出示情境图）

师：看到他们的房间，你有什么感觉呀？

生：好乱啊！怎么没人收拾啊？

师：老师和你们的感受一样，淘气的房间真挺乱的，那怎么办呢？

生：我们可以一起来帮淘气整理房间。

师：同学们乐于助人的精神值得表扬，下面，就让我们一起来帮淘气整理房间吧！

（板书：整理房间）

2. 探索新知，明确标准

师：在帮助淘气整理房间之前，我们需要先明确以下几个问题：

（1）你觉得淘气的房间有哪些物品需要整理？

（2）这么多需要整理的物品，你打算怎么帮淘气整理房间呢？先想一想，再和你的同桌小声音地商量商量。

师：同学们，你们的想法一样吗，哪个小组说说你们的想法？（贴

图片）

师：谁和他们的想法一样？为什么把这几样物品放在一起呢？

生：我和他们的想法一样，因为这几样物品都属于文具，是经常要用到的，所以都放在了文具盒里。

师：谁和他们想法不一样啊？

生：我和他们的想法不一样，因为它们虽然都是文具，但是有的东西学校不允许带，所以不能都放进文具盒里。

师：我们根据不同的用途把这些物品分开摆放，同一类的物品放在一起，这样的方法在数学中叫分类。

（板书：分类）

教师小结：刚才，我们看的这几样物品，除了文具外，其他的可分为玩具类和服装类。在日常生活中，我们经常会将它们分类存放在不同的位置，既方便使用，也节约空间。

师：（播放整理后的图片）这些物品经过整理后，看起来既整齐有序又美观大方，还方便取用。淘气听取了大家的建议，也开始整理自己的房间了。

师：现在看到淘气的房间你有什么感觉呀？用分类的方法整理房间，不仅干净整齐，还有什么好处呢？淘气要想玩球去哪类找？（玩具）要想看书呢？（文具）所以分类整理还能帮助我们快速准确地找到需要的物品。希望同学们以后也能养成自己动手整理房间的好习惯，而且用完的东西要放回原处，这样才方便寻找，你能做到吗？

3. 实践操作，体会方法

活动一：给蔬菜水果分类

师：淘气决定以后就按你们的方法整理房间，再也不那么乱了，为了感谢大家，淘气从冰箱里拿出很多好吃的，咱们一起看看都有些什么呀，请同学们说出它们的名字。（课件逐一出示）

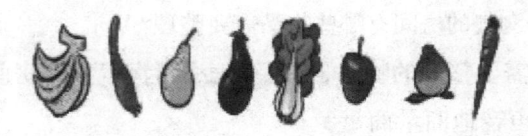

师：你能把这些食物分成水果和蔬菜两类吗？请你在书上试着分一分。

（汇报交流）

教师小结：我们把这些食物分成了水果和蔬菜这样的两类。

活动二：给小动物分分类

师：大家去过动物园吗？淘气在动物园看到许多动物。仔细看看，你都认识吗？哪些不认识？

师：哪些小动物会飞呢，咱们把会飞的小动物挑出来涂上颜色吧。（课件显示涂颜色）

师：这些圈起来的小动物是？（课件演示，把不会飞的动物圈出来）

生：这些小动物都没有翅膀，不会飞。

师：那这些呢？（课件演示，把会飞的动物圈出来）

生：这些小动物都可以飞。

教师小结：刚才我们按照不同的用途把物品分了类，按照水果蔬菜把食物进行分类，还按照会飞不会飞把小动物做了分类，看来我们只要找到一个标准就能把一堆物品进行分类。同学们，你们学会了吗？

活动三：超市理货员

（1）离开动物园，淘气又去哪了呢？（课件展示：超市）一进门他就看到很多商品堆在一起，你们都认识吗？淘气想把这些东西也分一分，放进不同的柜子里，看，小青蛙放到装什么的柜子？（玩具）这个呢？（文具）这个鞋子形状的就放？（服装）

（2）我们根据用途的不同，将编号写进了不同的柜子里。看明白了吗？剩下的4—12号商品你会分吗？请你根据已经学到的分类方法，将不同的商品按编号放进不同的柜子里吧！

（3）集体订正。4号属于哪一类？5号呢……都分完了，让我们看看玩具柜子里都装了哪些编号呢？快看看自己的，和你写的一样吗？再看看文具柜里都有哪些编号？检查你自己的，一样吗？服装鞋帽柜里有哪些？和你的一样吗？

（4）如果你都分对了，就在这道题的旁边给自己画一个笑脸，奖励一下自己。画完的同学请把书合上后坐好。

4. 联系生活实际应用

师：分类的知识在我们生活中应用非常广泛，咱们先去别的地方看一看吧。（出示课件）

车道分流

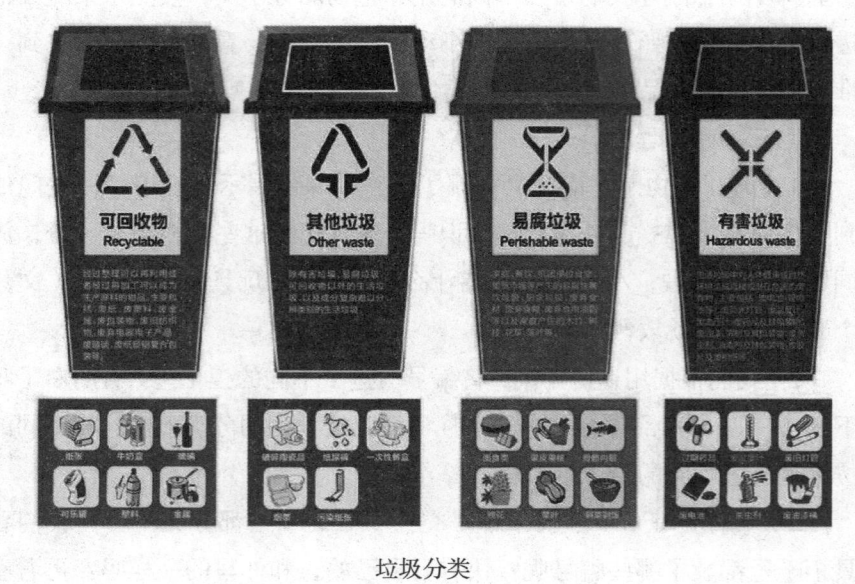

垃圾分类

农贸市场

教师小结：这节课你学会了什么？知道了什么？你有什么收获呢？其实分类还有很多方法，我们在下节课再来一起学习。希望大家把今天学到的本领带回家，整理一下自己的房间，做一个爱学习爱劳动的好孩子，好吗？

六、教学效果

《物品整理我能行》一共有两个课时，第一个课时主要是和学生一起探索分类的方法，然后结合校内劳动实践和家庭劳动的条件，进行劳动实践，让学生在实际劳动中慢慢总结分类方法，形成整理经验，并在成果的激励下，养成热爱劳动的习惯和自己的事情自己做的劳动观念。

通过两个课时的学习，学生的自理能力得到了较大的提高，不再是衣来伸手，饭来张口的小皇帝、小公主，而会试着承担自己作为家庭成员、集体一分子的责任，在力所能及的范围内，自己的事情自己做。

七、教学反思

自理能力的培养、自我管理水平的提升是一个艰难且长期的过程，既需要同学们的自觉坚持、长期努力，更需要家长和老师的不断监督与督促，因此不是课程上完了，任务就完成了，在接下来的学习和生活中，我们要和学生一起温故知新。

专题五　博于书

"为学之道，莫先于穷理；穷理之要，必在于读书。"永丰中心小学以书法、国画社团和诗词诵读、名著阅读校本课程为载体，带领学生畅游于诗词书画、名著经典之中，开阔学生的眼界、沉潜学生的性情，培养勤于书写、善于表达且富有文化底蕴的永丰少年。

书香伴成长，阅读越精彩
——六年级名著阅读交流课《海底两万里》教学案例

一、教学目标

1. 培养学生的阅读兴趣，提高学生的语言表达能力。
2. 开阔学生的知识视野，为学生树立崇高的理想，涵养学生的浩然之气。
3. 交流互鉴，展示自我，让学生充分体会阅读的愉悦和成就感，吸引更多的学生参与到阅读中来。
4. 通过《海底两万里》的阅读交流，培养学生良好的阅读习惯。

二、教学重点

1. 引导学生表达，在交流互鉴中，吸引更多的学生参与同一本书阅读。
2. 培养学生阅读兴趣，拓展学生的阅读范围，提升学生的阅读量。
3. 学会读书笔记的记录方法，养成良好的阅读习惯。

三、教学难点

拓宽学生的阅读视野，巧设创意，让学生积极地参与分享，对于阅读学习充满兴趣。

四、教学分析

1. 背景分析

书籍是文明传承的重要载体，是人类进步的阶梯。卷帙浩繁的书籍中，智慧光芒穿透历史、思想价值穿越时空。古往今来，无数优秀书籍温润心灵、陶冶情操、启迪智慧、拓宽胸怀，为人类文明的传承与发展做出了不可磨灭的贡献。

党的十八大以来，以习近平同志为核心的党中央高度重视全民阅读。"全民阅读"连续多年被写入政府工作报告，"十四五"规划把深入推进全民阅读、建设书香中国纳入宏伟蓝图。2022年4月23日，习近平总书记在致首届全民阅读大会举办的贺信中指出，阅读是人类获取知识、启智增慧、培养道德的重要途径，可以让人得到思想启发，树立崇高理想，涵养浩然之气。他强调，希望全社会都参与到阅读中来，形成爱读书、读好书、善读书的浓厚氛围。

青少年要养成阅读习惯，在快乐阅读中健康成长。古语有云，读书不独变气质，且能养精神。要以"手不释卷"的好学、"韦编三绝"的勤奋、"但求甚解"的钻研，掌握知识、开阔视野、提升素养，改造思想、净化灵魂、陶冶情操。特别是通过读书学习坚定理想信念、提升精神境界，树立正确的世界观、人生观、价值观。坚定的理想信念不是与生俱来的，必须善学善思、真学真信。

2. 学情分析

班上有一部分学生对于阅读十分感兴趣，也有着较大的阅读量，他们一般各科成绩较好，语言表达能力、为人处事方面都十分优秀。但是有一部分学生对于阅读几乎不感兴趣，这部分学生在阅读理解和解答应用题时，无论老师怎么讲，他们都很难理解。据老师们小范围内的调查，一致认为，较好的阅读习惯以及丰富的阅读经历，对于学生各方面能力的培养十分有益。如阅读量较大的学生，在遇到困难时，能举一反三，思维比较灵活，办法比较合理，在和同学产生矛盾时，也比较容易劝解，好沟通等。而个别几乎不读书的学生，在写作方面真的很难提高，往往无从下手，语言组织能力较差、词语积累底子较薄，平时在与他人沟通时，逐渐会表现出一些交流上的障碍。因此，学校开设了"书香伴成长，阅读越精彩"系列校本课程，期望在丰富学生阅读量的同时，有助于全体师生阅读能力的提升。

3. 交流准备

（1）师生共读一本书《海底两万里》。

（2）学生要在"采蜜本"上完成一篇500字的读书笔记。

五、教学过程

1. 创设情境

（播放《百家讲坛——王立群讲〈汉代风云人物〉》）

师：王立群教授喜欢读《史记》，并将他对两汉魏晋南北朝的文学研究，带进了《百家讲坛》。2006年，他开始主讲《王立群读史记》，凭借对《史记》的精彩讲解，他连续10年在《百家讲坛》上担任主讲嘉宾，并成为这档节目中的常青树。同学们，注重读书学习是中华民族的一大优良传统。中华民族自古提倡阅读，讲究格物致知、诚意正心，传承中华民族生生不息的精神，塑造中国人民自信自强的品格。孔子倡导"学如不及，犹恐失之""学而时习之，不亦说乎"的好学精神，朱熹传扬"为学之道，莫先于穷理；穷理之要，必先于读书"的治学精髓，道出读书乃是治学修身的基本前提、是涵养品格的首要方法。同学们，接下来，就让我们带着《海底两万里》这本书，一起走进本学期的第二次读书交流会吧！

2. 认识凡尔纳

师：大家都知道《海底两万里》的作者是法国科幻小说家——儒勒·凡尔纳。谁来简单地介绍一下他？

（投影：出示儒勒·凡尔纳的简介）

生：儒勒·凡尔纳（1828—1905），是法国科幻小说家，现代科幻小说的重要奠基人，被誉为"科幻小说之父"。他一生共完成作品104部，代表作有《气球上的五星期》《八十天环球旅行》《格兰特船长的女儿》《海底两万里》等，其作品幻想大胆、知识丰富、涉及面广，堪称"19世纪自然科学的大百科全书"。

3. 简述故事内容

师：谁能用简洁的语言复述一下故事的主要内容呢？

生：故事发生在1866年，法国生物学家阿龙纳斯，应邀赴美参加一项科学考察活动。这时，海上出了个怪物，在全世界闹得沸沸扬扬。科考活动结束之后，阿龙纳斯教授接受美国海军部邀请，作为一名海洋动物专家，随远征队去剿灭怪物，不料却掉入海中，被怪物俘虏。谁知这只"怪物"是一艘尚不为世人所知的潜水艇，名叫"鹦鹉螺"号。

于是阿龙纳斯教授便和神奇的尼摩船长开启了一段惊险、神奇的海底旅行，他们到达了从未有人到过的南极，目睹了海底火山喷发的壮观景象以及凄惨的海底沉船，领略了美丽而又充满危险的海底世界……

终于，十个月之后，他们在极其险恶的情况下逃脱，生物学家阿龙纳斯也才得以把这件海底秘密公之于世……

师：这位同学讲得太精彩了，还有同学要分享吗？

……

师：听了同学们的讲述，有谁能告诉我们，阿龙纳斯教授一行都经过了哪些地方？请试着将他们的航行路线画一画。

生：阿龙纳斯教授一行主要经过了太平洋、印度洋、红海、地中海、大西洋、南极、北冰洋等地方。

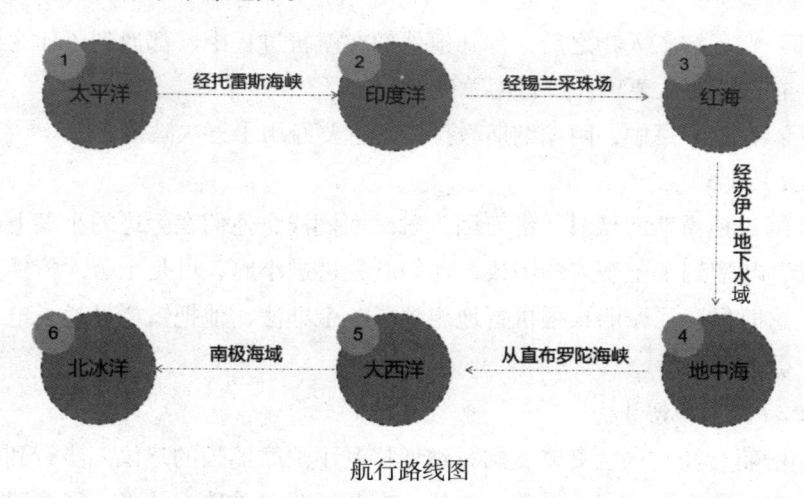

①太平洋 —经托雷斯海峡→ ②印度洋 —经锡兰采珠场→ ③红海

③红海 —经苏伊士地下水域→ ④地中海

⑥北冰洋 ←南极海域— ⑤大西洋 ←从直布罗陀海峡— ④地中海

航行路线图

师：这位同学画的路线图非常的清晰，让我眼前一亮。还有其他同学补充吗？

……

4. 梳理人物关系

师：同学们，在航行的过程中，参与者都有谁呢，你能将他们一一列举出来吗？

生：尼摩船长是一个阴郁而博学的人。这个神秘的人物给这本书增添了许多内容。他可以为法国偿还数百亿的国债。当他看到自己的朋友死去时，他会默默地哭泣。他会给穷人几百万的黄金，收留所有憎恨土地的人，把装满口袋的珍珠送给可怜的采珠人，逃离人类，进行可怕的报复。他对人类有根深蒂固的不信任。

生：阿龙纳斯教授是一位博学的生物学家，见多识广，性情温和，心地善良，富有探究精神，是《海底两万里》中的主要人物。在航行过程中他将海洋生物向我们做了详实的介绍，界、门、纲、目、科、属、种，说得井井有条，还将海洋中的种种奇观，娓娓道来，令我们大开眼界。

生：康塞尔是阿龙纳斯教授的仆人，他忠诚、诚实、开朗，对分类学非常着迷。法拉格特是"亚伯拉罕·林肯"号驱逐舰上的舰长，他在小说开头只是昙花一现。尼德·兰是一名捕鲸者，和阿龙纳斯教授一起去捕捉"巨鲸"，他阅历丰富，是一个性情火爆、野性原始的人。

5. 列举主要事件

师：在了解了人物之后，你知道他们在航行过程中，都遇到了什么样的险情？有谁能将主要事件进行汇总呢？

生：在这本书中，阿龙纳斯教授一行主要经历了五次险情。

（1）搁浅，土著人围攻

在通过拖雷斯海峡时，潜艇因为触礁而搁浅，他们在旁边的小岛上逗留了两天，却遭到了土著人的围攻，他们赶紧逃进小艇，可是土著人依然紧追不舍，这时候，尼摩船长很机智地想到了一个办法，他把铁栏杆通了电，击退了土著人。

（2）同鲨鱼搏斗

当潜艇行驶到锡兰岛时，阿龙纳斯接受了尼摩船长的建议，步行到海底养珠场观看印度人在海底采珠。忽然，有条巨鲨向采珠人扑来。尼摩船长手拿短刀，挺身与鲨鱼搏斗，在尼摩船长被鲨鱼巨大的身躯所压倒，危在旦夕时，尼德·兰迅速投出利叉，击中鲨鱼的心脏，最后救了那个采珠人。尼摩船长还从口袋里取出一包珍珠送给他。

（3）冰山封路

当潜艇驶到南极时，一次冰山翻倒将他们的船封在冰层下面，面对的是闷死或压死的危险，他们轮流用铁镐凿底部厚10米的冰盖，又用开水喷射，将潜艇拉到挖好的大坑里，灌满储水舱，增加潜艇的重量，压碎了底部最后2米的冰层，终于脱困。

（4）章鱼袭击

在去北极的途中，他们在深约150米左右的海水中遇到了巨型章鱼的袭击,他们拿斧头和章鱼展开了肉搏战,尼德·兰也遭遇到了危险,所幸被尼摩船长所救,经过一刻钟的战斗,最后打败了章鱼。

（5）北冰洋大风暴

教授和他的朋友们逃离"诺第留斯"号时,遇到了罕见的大漩涡,他们乘坐的小艇被甩得脱离了潜艇,当他们醒来的时候,已经在挪威的一个小岛上。

6. 课堂总结

同学们的分享十分的精彩,让我对《海底两万里》有了更深的认识。想象一下,在凡尔纳的时代,人们还没有发明可以在水下遨游的潜水艇,甚至连电灯都还没有出现,在这样的背景下,凡尔纳在《海底两万里》中成功地塑造出"鹦鹉螺"号潜水艇,并在小说发表25年后,人们制造出的真实的潜水艇与小说描写的大同小异。所以说凡尔纳作品中的幻想都是以科学为依据的,他的许多作品中描绘的科学幻想在今天都得以实现。更重要的是他作品中的幻想大胆新奇,并以其逼真、生动、美丽如画令人读来趣味盎然。他的作品情节惊险曲折,人物栩栩如生,结局出人意料。所有这些使他的作品具有永恒的魅力。这也是《海底两万里》这部科幻小说经历一百多年仍为广大读者所喜爱的原因。

书山有路勤为径,学海无涯苦作舟。同学们,理想的书籍是智慧的钥匙,让我们一起来多读书读好书,和书交朋友吧!

六、教学效果

师生同读一本书,在共情的同时,也在相互学习,同学们对于文学作品的见解独具一格,在交流的过程中,同学们能够精确地表达自己对于作品的理解,对于人物性格的认知,在一定程度上扩展了学生的知识视野和思维方式,对于学生综合能力的提升具有极大的促进作用。

在课堂中,同学们能够积极地参与到名著的阅读与交流当中,能将自己的真实想法与理解同别人分享,课堂秩序良好,课堂效果较佳。

七、教学反思

《海底两万里》的作者凡尔纳有着丰富的海洋地理知识。在小说情节中,他很自然地向读者介绍了太平洋、印度洋、红海、地中海、大西洋、北冰洋及南极的海底景观。在交流的过程中，我明显感到学生及自己知识的匮乏。

吸取教训，总结经验。如果想将此类交流课上得更加精彩，就需要调动学生的阅读兴趣，让他们带着问题或观点去交流、去分享。因此，我建议在名著交流课前增设导读课，让学生在有一定阅读积累和知识储备后再进行交流，事必会收到更好的交流成果。

写好中国字，做好中国人
——二年级校本课程《卧钩与"心"字》教学案例

一、教学目标

1. 学习卧钩写法，掌握"心"字结构。
2. 通过观察分析卧钩形态以及"心"字结构，提升学生的观察能力、分析能力和模仿能力。
3. 通过学习卧钩和"心"字的写法，学生体会书法的运笔之美，培养学生学习书法的兴趣。
4. 通过欣赏古代名家碑帖，介绍书法入门知识，拉近学生与书法艺术间的距离，提高学生的审美能力。
5. 通过"心"字书法教学，对学生进行品德教育。

二、教学重点

1. 学习卧钩和"心"字的写法。
2. 懂得书法入门的方法，学习并模仿。

三、教学难点

1. 书写卧钩和"心"字。
2. 以"心"字教学对学生进行品德教育和情感熏陶。

四、教学分析

1. 背景分析

2017年，中共中央办公厅、国务院办公厅印发了《关于实施中华优秀传统文化传承发展工程的意见》，在全国掀起了学习中华优秀传统文化的热潮。与此同时，电视、新媒体也纷纷推出《中国诗词大会》《国家宝藏》等节目，为传播与弘扬文化发展助力。

书法是中华民族最具代表性的文化象征之一，它融合了多种艺术形式，润泽了无数代中国人的心灵世界。王羲之的《兰亭集序》、欧阳询的《皇甫诞碑》、张旭的《古诗四帖》、颜真卿的《颜氏家庙碑》、柳公权的《玄秘塔碑》、苏轼的《黄州寒食帖》等历代书法精品在一撇一捺、起承转合中展现出书法家们多方面的感悟，成为中华传统文化的重要载体。

2022年9月，国务院学位委员会、教育部印发《研究生教育学科专业目录2022》，将"美术与书法"正式列为一级学科，2023年下半年启动招生的研究生培养计划将按照新版学科专业执行。

2. 学情分析

本校生源主要是外来务工家庭的适龄儿童，家长较忙，生活节奏较快，孩子们较易形成浮躁的性格。而书法学习，可以让孩子们养成较踏实、恬静的性格，既丰富学生的精神世界，也有利于孩子们审美能力的提升。

五、教学过程

1. 创设情境

依次呈现篆、隶、楷、行、草五种类型的书法作品，引导学生欣赏书法之美，激发学生的学习兴趣。

师：书法艺术真是博大精深啊！要想学好书法必须从简单的笔画练习开始，然后逐渐过渡到结构、章法。今天让我们一起来学习卧钩与"心"字吧。

2. 学习卧钩的写法

（1）了解卧钩的外形

师：板书"卧钩"，看它的外形像什么？

生：像弯弯的月亮。

生：像小船，也像镰刀。

生：我看像香蕉。

（投影：出示卧钩的形状）

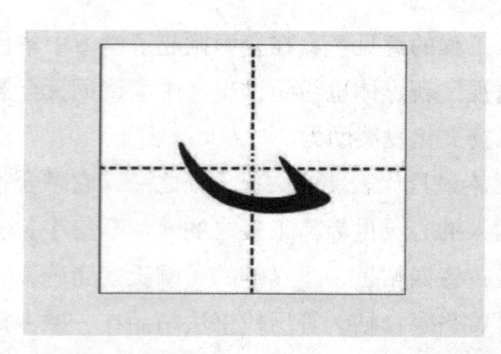

师（画出月亮的图形，并提问）：卧钩的弯度与月亮的弯度是什么关系呢？

生：卧钩是月亮的一部分。

生：卧钩的弧度与月亮的弧度是相叠的。

……

（2）学习卧钩的用笔方法

师：同学们，下面就让我们一起来学习一下卧钩的用笔方法吧！

（投影：出示弯弯的月儿小小的船，轻轻地起笔重重地弯，挑钩之前要顿笔，对准左上再出尖。）

（老师板书示范后，请两到三名同学，上台试着书写）

（3）练习卧钩的写法

强调握笔姿势（大哥二哥脸对脸，兄弟五个握空拳，伸出笔尖有一寸，姿势正确记心间）。

先练习5遍，自评：挑出写得最漂亮的2个卧钩，说说好在哪儿？（投影展示）

再练习5遍，同桌互评：给你的同桌找出写得最好的3个卧钩。

教师点评，选取优秀案例，全班展示学习，也可请同学上台交流书写心得与经验。

3. 学习"心"字的写法

师：同学们，看到卧钩，你最先会联想到哪个字？

生："心"字。

师：接下来，让我们一起学习"心"字的写法吧！

（1）学习三点的不同写法

"心"字比卧钩多了三个点，左点、挑点、右点，教师板书并讲解。

请5个学生上台模仿书写。

学生练习5遍，并进行个别点评。

（2）明确三个点的位置

师："心"字的卧钩像月亮，三个点就像三颗小星星，围绕着月亮。那么三个点要怎么摆放，"心"字才最漂亮呢？

（投影：出示书法家写的"心"字）

找找规律，说一说书法家们是怎么写好"心"字的？同桌间讨论。

教师总结：三个点的摆放，要呈一条弧线或者斜线。

（投影：出示"心"字的运笔方法）

请学生上台书写，并讲解自己的书写经验。

教师在田字格中示范，学生练习5遍，并选出写得最好的2个与同桌分享。

4. 学用"心"字

师：同学们，"心"字的用处很大，下面让我们一起来参观一下"心"字大家庭吧！

（投影：出示"心"字组词）

生齐读"小心、专心、信心、用心、细心、耐心、心情、心意、决心、心态、一心一意、三心二意、世上无难事，只怕有心人"。

师：同学们，你喜欢这些"心"字组词吗？请为你最喜欢的三个词语填上"心"字吧，看看谁的"心"字写得最漂亮。

（互评后，选出几幅写得比较好的作品，进行展示）

师：这节课我们学习了卧钩和"心"字，希望同学们遇事能有耐心、爱心、专心和信心，老师相信，同学们只要用心做事，一定能够心想事成、万事如意。

六、教学效果

学生们在汉字的结构感上得到了一定的强化,书法作品布局大致工整、合理,有的同学甚至能够做到笔画流畅、写出笔锋。

书法课的课程内容,与语文教学的内容紧密结合,既加深了学生对课文生字的掌握,也为学生作业的书写给予了极大的支持。

七、教学反思

1. 本节课的教学主要是从独体字的结构及运笔方法上进行课堂内容的安排,在课堂中卧钩的练习时间应当相应地进行增加,这样将会为后续的"心"字教学提供极好的基础,为整节课的教学效果提供基础保证。

2. 在名家碑帖的欣赏过程中,学生们的学习兴趣得到了极大的提高,学习热情得到了极大的鼓舞,对于学习效果的呈现具有很好的促进作用,因此,在后续的教学中,我们可以有针对性地将中华民族优秀的文化、文明成果引入我们的课堂,以文明促智慧,以欣赏促审美。

赏诗书画印,品中国故事
——六年级校本课程《冬奥设计里的中国之美》教学案例

一、教学目标

1. 从冬奥设计之中感受中国独特的传统文化及美学特征,体会国人"一起向未来"的冬奥愿景。

2. 从冬奥设计之中,了解中国的书画之美、汉字之美,感受充满动感和力量的中国设计。

3. 培养学生的书写、绘画兴趣,提高学生的书画能力,鼓励学生成为中华优秀文化的传承者与传播者。

4. 树立文化自信,强化国家认同,对学生们进行爱国主义教育。

二、教学重点

1. 在欣赏中国书画之美、汉字之美的同时,培养学生书写、绘画的兴趣,鼓励学生成为中华优秀文化的传承者与传播者。

2. 树立文化自信,强化国家认同,对学生们进行爱国主义教育。

三、教学难点

带领学生一起从冬奥设计之中感受中国独特的传统文化及美学特征，并将其应用到自己的书画之中。

四、教学分析

1. 背景分析

2008 年，中国作为奥运会主办方，向世界交上了一张完美的答卷。时隔 7 年，也就是 2015 年 7 月 31 日，国际奥委会主席巴赫宣布：中国北京获得 2022 年第 24 届冬季奥林匹克运动会的主办权。

2022 年 2 月 4 日至 2022 年 2 月 20 日，在中华人民共和国北京市和河北省张家口市，第 24 届冬季奥林匹克运动会北京冬奥会成功举办。北京承办所有冰上项目，延庆和张家口承办所有的雪上项目。这是中国历史上首次举办冬季奥运会，北京也因此成为奥运史上第一个既举办过夏季奥运会，又举办过冬季奥运会的城市，张家口也将成为冬奥之城。

2. 学情分析

同学们对于冬奥会的赛事十分关注，对于运动员们的获奖情况如数家珍，而且同学们对于冬奥会的两个吉祥物十分喜爱，在美术课上，他们笔下的冰墩墩和雪容融既生动形象又可爱美好。同学们还向老师提出了许许多多的"吉祥物是怎么设计来的？为什么要这样设计？"等一系列有关冬奥会设计的问题。综合来讲，老师认为有必要开设一系列有关冬奥会主题的校本课程，让同学们在感受冰雪运动独特魅力的同时，也学习和发扬奥运精神，培养学生对优秀传统文化的自豪感以及爱国主义情怀。

五、教学过程

1. 创设情境

教师播放冬奥会、冬残奥会吉祥物宣传片。

2. 吉祥物——外观造型，寓意温暖吉祥

师：同学们，你们知道吉祥物冰墩墩和雪容融是以什么为原型进行设计的吗？它有什么寓意？

生：北京冬奥会吉祥物"冰墩墩"是以熊猫为原型进行设计创作的。冰，象征纯洁、坚强，是冬奥会的特点。墩墩，意喻健康、活泼、可爱，契合熊猫的整体形象，象征着冬奥会运动员强壮的身体、坚韧的意志和鼓舞人心的奥林匹克精神。

（教师补充，投影图片。"冰墩墩"的形象设计将熊猫形象与富有超能量的冰晶外壳相结合，体现了冬季冰雪运动和现代科技特点。）

"冰墩墩"头部外壳造型取自冰雪运动头盔，装饰彩色光环，其灵感源自于北京冬奥会的国家速滑馆——"冰丝带"，流动的明亮色彩线条象征着冰雪运动的赛道和 5G 高科技。

左手掌心的心形图案，代表着主办国对全世界朋友的热情欢迎。

整体形象酷似航天员，寓意创造非凡、探索未来，体现了追求卓越、引领时代，以及面向未来的无限可能。

下篇　丰之以艺

冰墩墩
Bing Dwen Dwen

北京2022年冬奥会吉祥物
The Mascot of the Olympic Winter Games Beijing 2022

师：在了解了冰墩墩之后，哪位同学能给大家讲一讲"雪容融"呢？

生：北京冬残奥会吉祥物"雪容融"以灯笼为原型进行设计创作。雪，象征洁白、美丽，是冰雪运动的特点；容，意喻包容、宽容，交流互鉴；融，意喻融合、温暖，相知相融。容融，表达了世界文明交流互鉴、和谐发展的理念，体现了通过残奥运动创造一个更加包容的世界和构建人类命运共同体的美好愿景。

（教师补充，投影图片。灯笼，是世界公认的"中国符号"，具有两千多年的历史，代表着收获、喜庆、温暖和光明。）

顶部的如意造型象征吉祥、幸福；和平鸽和天坛构成的连续图案，寓意着和平友谊，突出了举办地的特色；装饰图案融入了中国传统剪纸艺术；面部的雪块既代表"瑞雪兆丰年"的寓意，又体现了拟人化的设计，凸显吉祥

175

物的可爱。

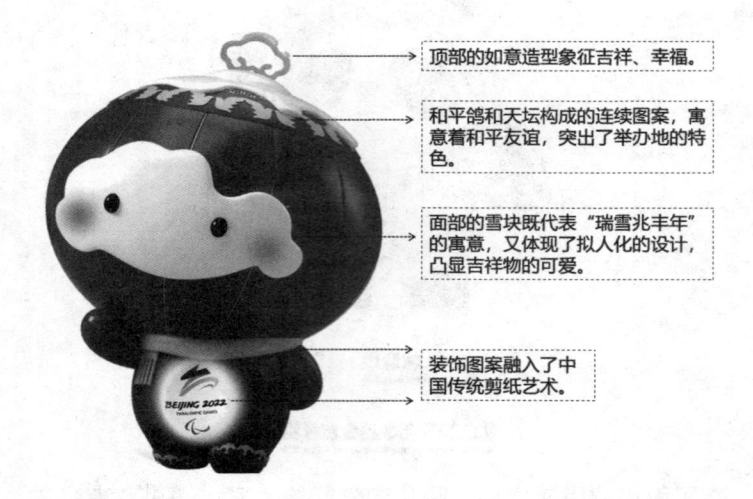

顶部的如意造型象征吉祥、幸福。

和平鸽和天坛构成的连续图案，寓意着和平友谊，突出了举办地的特色。

面部的雪块既代表"瑞雪兆丰年"的寓意，又体现了拟人化的设计，凸显吉祥物的可爱。

装饰图案融入了中国传统剪纸艺术。

3. 会徽——书法艺术，传承文化内涵

（1）了解冬奥会会徽"冬梦"

师：同学们，你们看冰墩墩和雪容融的身体上有着两个不同的标志，它们分别代表了什么？

生：冰墩墩身上的标志是2022年北京冬奥会的会徽"冬梦"。雪容融身上的标志是2022年北京冬残奥会的会徽"飞跃"。

师：汉字是中华文明的重要载体，冬奥会最具代表性的会徽"冬梦"就是将汉字元素融入设计当中。下面，让我们一起来欣赏一下吧！

师：同学们，你看到这个徽标后，首先想到了哪个汉字？

生：我想到了"冬"字。

师：是的，"冬梦"以汉字"冬"为灵感来源，运用中国书法的艺术形态，将厚重的东方文化底蕴与国际化的现代风格融为一体，呈现出新时代的中国新形象、新梦想，传递出新时代中国将办好北京冬奥会，圆冬奥之梦。

师：同学们，我们再来看一看徽标的上半部分，像不像一位滑冰运动员？

生：是的，最上面的"S"形，很像一位正在背着手滑冰的运动员。那么下半部分这个反向的"S"呢？它表现的是什么？

师："冬梦"的下半部分表现的是滑雪运动员的英姿。有冰有雪，中间这条"丝带"又代表什么呢？

生：中间这条舞动的线条，我把它想象成起伏的山峦、流畅的赛道、节日的丝带。

师：这位同学的想象十分丰富啊，"冬梦"中间部分的设计元素确实来源于山峦、赛场、滑道、丝带等，既代表举办地的特色，又为会徽增添了节日喜庆的视觉感受。上半部分的滑冰造型，下半部分的滑雪英姿，通过中间充满韵律的舞动线条相连接，合而为一，形成"冬"字。会徽下方的"BEIJING 2022"印鉴则汲取中国剪纸的特点，与会徽风格实现整体统一。从而形成了既有中国书法艺术形态、东方文化底蕴，又兼具国际化的现代化风格，整体形象充满了和谐之美。下面，让我们再以欣赏的眼光了解一下冬残奥会会徽"飞跃"。

（2）了解冬残奥会会徽"飞跃"

（投影出示冬残奥会会徽）

师：2022年北京冬残奥会会徽"飞跃"的设计将中国书法艺术与冬残奥会体育运动特征结合起来。设计展现了汉字"飞"的动感和力度，巧妙地

幻化成一个向前滑行、冲向胜利的运动员，同时形象化地表达了轮椅等冬残奥会特殊运动器械的形态。同学们，请认真观察会徽，你都发现了什么？

生1：我发现"飞跃"的上半部分和"冬梦"很像，但是在色彩上有差异。

生2：我发现"飞跃"的上半部分比较刚劲曲折，而下半部分比较柔美圆润，就像"飞"字，上半部分的横折比较刚硬，而下半部分的弯钩，比较缓和柔美一些。

生3："飞跃"的整体造型看起来像是滑雪运动员冲锋在赛道上，速度快到要飞起来一样。

……

师："飞跃"的上半部分线条刚劲曲折，下半部分柔美圆润，寓意运动员经过顽强拼搏、历经坎坷，最终达到目标获得圆满成功。会徽展现了运动员们不断飞跃、超越自我，奋力拼搏的精神，激励着世界的冬残奥发展。

4.教师总结

师：同学们，今天我们了解有关2022年北京冬奥会、冬残奥会吉祥物、会徽的相关设计，其中所展现的中国书法艺术、奥运精神，让我们倍感激励，下节课，我们将就冬奥会、冬残奥会的色彩设计、体育图标等，进行学习和分析，请同学们根据课前任务单，做好课前的资料查询。

六、教学效果

1.通过了解冬奥会的相关设计，同学们对于中国的书法艺术有了更进一步的了解，也从一个新的角度欣赏了书法艺术在视觉设计中所展现出的无尽魅力和文化特色。既丰富了学生对于中国传统文化的认识，也更进一步感受了中华优秀文化的魅力。

2.学生们对于奥林匹克运动更加热爱，在欣赏之余，很多学生对于冬奥会的其他相关设计进行了延展，并主动地参与资料的查询与学习。

3.冰雪运动的独特魅力，让学生们更加热爱生活、健康向上。

七、教学反思

课前预习清单或预习资料应当列举清楚，更具有针对性，这样方便学生的课堂发展，也给有兴趣和学有余力的同学更多的学习机会和知识引导。

课堂中应给予学生更多的发言机会，让学生主动地、全面地参与，这样的课堂更生动、更有效。

书香校园，童阅中国
——永丰中心小学"读享万花筒"阅读嘉年华活动案例

一、活动目标

1. 引导学生以经典好书为友，培养学生良好的读书习惯，提高阅读能力，拓展学生的知识面，提升学生语文素养。

2. 引导老师、家长一同参与读书活动，营造良好的读书氛围，推动学习型班级、学习型学校、学习型家庭的建设。

3. 促进新课标的落地实施，加快书香校园的建设步伐。

4. 更新教师的阅读观念，培养教师的阅读指导能力，提升教师的综合执教能力。

二、活动意义

学校是学生学习生活的主阵地，知识的主要源泉来自于书籍。在"读享万花筒"活动中，让学生全面了解社会主义核心价值观，从而树立国家荣誉感、集体责任感、个人使命感。在丰富多彩的读书活动中，汲取知识，开阔眼界，增长见识，提高素养。同时，读书活动的举办，为《义务教育语文课程标准（2022年版）》中各学段的阅读目标的达成，起到了积极的推动作用，引导学生以经典好书为友，培养学生良好的读书习惯，极大地促进了书香校园的建设。

三、活动地点

永丰中心小学各校区。

四、活动准备

1. 学校制定"读享万花筒"活动方案，下发至各个班级；校园内营造浓郁的阅读氛围，张贴读书标语，悬挂阅读横幅，布置宣传橱窗和校园板报；班级充实图书角，设计读书口号。

2. 相关教师准备"读享万花筒"倡议书、讲话稿、主持词，筹划开幕式和汇报工作，进行学生体验活动设计及相关材料的准备。

3. 教师代表分工协作，提前熟悉负责管理的活动项目的方法与规则。

4. 学校分年段设计《爱上阅读》21天成长手册，依据学校平面图设计学生活动指引图。

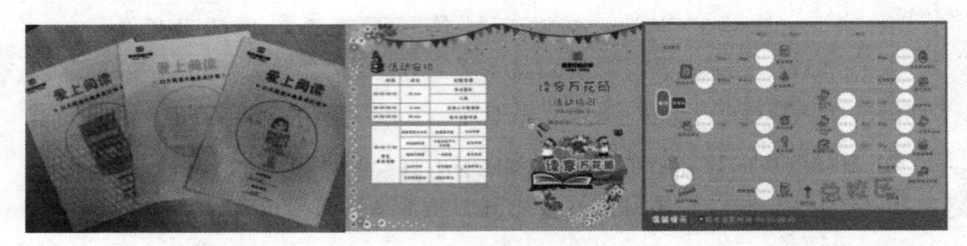

5. 每位学生都精心挑选一个自己喜欢的图书里的人物，并为自己准备人物服装道具。

6. 招募家长志愿者，提前对家长志愿者进行活动培训，每个阅读体验活动项目配一名家长志愿者。

五、活动流程

1. 开幕式

（1）升国旗，唱国歌。

（2）主持人致开场词，介绍到场嘉宾。

（3）校长致开幕词。

（4）学生代表宣读嘉年华活动倡议书。

（5）负责教师介绍嘉年华活动内容及形式。

2. 戏剧篇

（1）脸谱展示绘

1位老师准备PPT和讲解稿，讲解中国传统艺术的戏剧脸谱系统。有兴趣的学生可根据现场的脸谱示范，进行脸谱绘制创作活动。拉近学生与传统戏剧的距离，了解脸谱系统，拓展传统文化阅读。

（2）戏曲剧种展

准备PPT和讲解稿，2位老师轮流讲解中国传统戏曲剧种常识，适当截取几个主流的戏曲剧中表演片段进行视频播放展示，学生进行观看学习。拉近学生与传统戏剧的距离，了解戏剧种类，拓展传统文化阅读。

（3）文艺表演

展演与传统文化有关的校园优秀文艺节目和校园经典保留剧目。学校提前准备节目、服装与道具等，可安排学生在课上提前制作，请学生观看。通过参与及观看会演获得喜悦，将积极情感与阅读节、阅读活动相关联，激发并强化阅读兴趣。

（4）戏剧主题书展

联系出版社围绕戏剧等主题，采用新书展示及现场图书销售的方式来校进行展示，及时将知识送到学生们身边。值得重申的是，书展重在文化氛围感受而非销售，现场书籍也将打折销售，学生自愿购买，学生们需自行算出折后价并登记购买，锻炼学生们的生活运算能力。培养学生对书籍的感知、判断及选择能力。

3. 书画篇

（1）书法、印章

安排一个长条桌区域，准备好书法工具，2位老师轮流讲解中国书法常识，让学生进行书法尝试，并准备印章和宣纸给学生试盖。现场展示印章技术可加强学生们的体验氛围。了解中国书法常识，拓展传统文化阅读。

（2）国画写意与书签

2位老师轮流讲解中国画常识，并播放用动漫形式做出的国画写意作品，如《功夫熊猫》等，并安排学生进行国画尝试，如扇面等。发给学生书签和丝带，请学生现场制作属于自己的书签。了解中国画常识，拓展传统文化阅读。

4. 生活篇

（1）中国传统节日习俗展

安排 1 位老师现场演示中秋月饼制作。在"一站到底"活动连续答对 10 题的同学可以来体验亲手制作月饼。了解中国传统节日、习俗及培养相关文学阅读拓展能力。

（2）多彩民族服饰

准备 PPT 和讲解稿，请 1 位老师讲解部分少数民族的民族风情和服饰文化。了解中国各民族服饰文化，激发学生阅读兴趣。

5. 综合篇

（1）星空夜读

模拟星空，让孩子们以听的方式感受书本内容，耳听故事精髓，将环境打造成一个可坐可躺的模拟夜晚。加强学生的语言感受能力。

（2）阅读手册展

每年级精选 30 本完成情况优异的阅读手册进行展示，展示校园阅读工作取得的阶段性成果，鼓励更多学生和家长参与进来，共同促进阅读。通过榜样示范获得阅读成就感。

（3）悠游书吧

体验借阅书籍与还书的过程，培养学生独立借阅能力，熟悉并遵守图书馆借阅规则与流程。在图书阅览室现场阅读的学生应遵守图书馆阅览室管理制度。当日借阅即可获得体验章，可活动日后再还书。培养学生使用公共阅读资源的能力。

（4）一站到底

围绕传统文化，学生可根据年龄段选择题目，随意参加，旨在答题体验，鼓励增强学生自信。答对 1 题即可获得盖章，连续答对 10 题可参与月饼制作体验。3 位老师负责同时提问，学生自愿参与上场答题。激励学生通过扩大阅读量积累丰富的知识。

（5）妈妈故事会

结合传统文化中的各类故事，邀请5位家长以"故事妈妈"的角色走进校园、走进教室，给更多孩子讲述动听的故事。5位故事妈妈，每人准备3个故事并配相关PPT，轮流为全校师生讲解，促进家校合作，让更多的家长走进我们的教室，走到孩子和老师的身边，润泽孩子们的心灵。强化家庭角色，感受家庭阅读的示范力量。

（6）经典好书我推荐

在5—6年级学生当中进行"经典好书我推荐"演讲比赛，以学生自愿报名为原则，经过海选与决赛，最终确定"阅读推荐人"5位左右，每人准备至少5本书（自配PPT），轮流为全校师生进行推荐。通过传统经典书目的阅读，培养学生阅读理解和分析总结能力。

（7）与作家面对面

邀请知名儿童文学家等，与学生面对面讨论读书心得，讲述读书故事，使学生感受平等，激发自我认知和独立性发展。

6. 闭幕式

为了使学生感受阅读活动及阅读本身的魅力和广阔，在活动结束时，校内广播召集全校师生到操场，校长宣布活动结束，学生们向天空挥舞地图，用航拍器航拍，留下这精彩难忘的瞬间。

六、活动效果

为期一个月的阅读节，从2016年4月1日起，陆续开展了"爱上阅读""读书交流会""亲子阅读"等系列活动，激发了孩子们的阅读热情，丰富了孩子们的阅读体验。力求为孩子们组成一个别样的万花筒，让他们发现另一个精彩的世界。

而4月下旬,"读享万花筒"阅读嘉年华活动将整个阅读节推向了高潮。一大早,孩子们把自己扮演成了孙悟空、白雪公主、哈利·波特、灰姑娘、雷锋等各种书中人物和家长一起来到了学校。学校为孩子们精心策划了阅读嘉年华活动体验场地指引图,每个孩子根据指引图参与了"脸谱展示绘""悠游书吧""故事妈妈""经典好书我推荐""一站到底""星空夜读"等,共计15项阅读体验活动。每参与完成一项体验活动,孩子们便可以获得一枚可爱的印章。

学校将阅读活动很好地与综合实践活动相结合,借助丰富多彩的阅读活动,激发阅读的热情,感悟阅读的快乐!"读享万花筒"阅读嘉年华在同学们的欢呼声中结束了,但是孩子们的读书之路才刚刚开始。今后,永丰中心小学不仅要让书香溢满校园,还要让书香飘向家庭,飘向社会。让孩子的阅读更加丰富,让学生们的生命因阅读而更加精彩!让永丰的每一个学子都能灿如夏花,丰若秋实,全情成长,自然绽放。

七、活动反思

阅读是通往梦想的一个途径,读一本好书,能让我们得以明净如水,开阔视野,丰富阅历,益于人生。人一生就是一条路,在人生的道路上,我们所见的风景是有限的,但书籍就像望远镜,就像一盏明灯,让我们看得更远、更清晰。学校以"形成终身学习的学习型校园,促进学生的全面发展"为根本,以深化课程改革和推进素质教育为目的,以教育教学为依托,以阅读活动为载体,组织和引导全校师生读书学习,努力为全体师生营造内涵丰富、特色鲜明的校园文化氛围,提升师生的人文素养,促进我校教育教学水平的不断提高。

续读名家诗词,铭记中华精髓
——永丰中心小学"校园中华诗词大会"活动案例

一、活动目标

1. 以诗词大会活动为契机,带动师生重温经典,分享诗词之美,感受诗词之趣,涵养美好心灵。

2. 在传承中华精髓的同时增强同学之间的交流,加强同学的团队意识,丰富校园文化生活,活跃学习气氛。

3. 激发和培养青少年对诗词的兴趣，从而增进对祖国优秀文化的理解，进而传承与发扬。

4. 在浓郁的读诗氛围中，激励儿童立志、发愤、成才，提高学生的综合素质。

二、活动意义

中华民族是诗的民族，中国人对诗词有着独特的文化情结，一部中国诗歌史不仅是中华文明在语言文字上的浓缩精华，更是几千年来中国人精神风貌的展示。本次"校园中华诗词大会"的入选诗词包括中国诗歌的缘起《诗经》，楚辞、汉魏六朝诗、唐宋诗词、明清诗词，一直延续到当代名人诗词，时间跨度数千年。从"关关雎鸠，在河之洲"的纯真质朴，到"路漫漫其修远兮"的上下求索；从"东临碣石、以观沧海"的雄心壮志，到"心远地自偏"的隐士风流；从"黄河之水天上来"的盛唐气象，到"帘卷西风，人比黄花瘦"的婉约缠绵。千百年来，中国人就是从这些意味无穷的诗词中得到滋养，代代相传、生生不息。

回顾经典诗词，亲近中华经典。让学子重拾记忆感受诗歌的魅力，让我们去回顾"采菊东篱下，悠然见南山"的那份闲情，感受"大漠孤烟直，长河落日圆"的那份壮观与豪迈，体会"问君能有几多愁，恰似一江春水向东流"的那份亡国悲情。让我们穿越历史，一起走进诗词的世界，聆听诗人词人发自肺腑的声音……

三、活动地点

永丰中心小学宏丰校区、屯佃校区、六里屯校区。

四、活动准备

德育部门做好宣传工作及场地布置维护工作，教学部门负责好诗词的筛选。筛选出135首常见的诗词，提前把诗名给参赛选手，让他们有充裕的时间进行准备。

领队会议和抽签会议。在赛前将召开领队会议，通报大赛相关事宜，讲解大赛注意事项，并确定各个参赛队伍的参赛对阵形势。

要求每个代表队都有5名亲友团。每支队伍都拥有2次求救亲友团的权利，亲友团回答正确可以获得笔记本一个，以此奖励（亲友团由参赛团队自己负责组建,确认组建后将其名单交到组委会处,建议由前期参赛的队员组成)。

为能公平竞赛,由评委派出2名记分员与1名计时员,记分员把所记下的分数公布在黑板上。

五、活动流程

1. 选拔赛

由各校区进行,每个班级组成2支参赛队伍。赛制采取淘汰赛形式,最终选拔出低段、高段队伍各8支。

表1 校园诗词大会

校区	年级	班级数量	小组数量	选拔票	比赛时间
屯佃	二年级	2	4	1. 由各班代表前一天(10月23日)抽签决定比赛时间。 2. 二、三年级一共10组学生,分3场对决(3组、3组、4组),最后从中挑选得分最高的3组进入决赛。如果出现比分一样,则加赛一场。 3. 四、五、六年级共18组学生,分5场对决(4组、4组、4组、4组、2组),最后挑选得分最高的4组进入决赛。如果出现比分一样,则加赛一场。 4. 每场比赛分成3个必答环节和1个加赛环节。环节1:诗词对接"如流水"(必答);环节2:眼疾手快"文思涌"(抢答);环节3:风险投资"技高超"(必答)。如果在前面3个环节中出现得分一样,则增加一个加赛环节:一字多句"飞花令"。	10月24日 8:30—10:00
	三年级	3	6		
	四年级	2	4		
	五年级	4	8		
	六年级	3	6		
	小计	14	28		
宏丰	二年级	2	4	1. 由各班代表提前一天(10月23日)抽签决定比赛时间。 2. 二、三年级一共8组学生,分2场对决(各4组),最后从中挑选得分最高的3组进入决赛,如果出现比分一样,则加赛一场。 3. 四、五、六年级共14组学生,分4场对决(4组、4组、4组、2组),最后挑选得分最高的4组进入决赛,如果出现比分一样,则加赛一场。 4. 每场比赛分成3个必答环节和1个加赛环节。环节1:诗词对接"如流水"(必答);环节2:眼疾手快"文思涌"(抢答);环节3:风险投资"技高超"(必答)。如果在前面3个环节中出现得分一样,则增加一个加赛环节:一字多句"飞花令"。	10月24日 13:30—15:00
	三年级	2	4		
	四年级	2	4		
	五年级	2	4		
	六年级	4	6		
	小计	12	22		

续表

校区	年级	班级数量	小组数量	选拔票	比赛时间
六里屯	五年级	3	6	1. 五、六年级共8组学生，分4场对决，最后挑选得分最高的4组进入决赛；如果出现比分一样，则加赛一场。 2. 每场比赛分成3个必答环节和1个加赛环节。环节1：诗词对接"如流水"（必答）；环节2：眼疾手快"文思涌"（抢答）；环节3：风险投资"技高超"（必答）。如果在3个环节中出现得分一样，则增加一个加赛环节：一字多句"飞花令"。	10月24日 10：30—11：30
	六年级	1	2		
	小计	4	8		

2. 决赛

（1）团队介绍

首先由主持人介绍到场评委及嘉宾，然后每个团队集体上台，介绍其成员及团队名称，每个团队发言不超过30秒。

（2）决赛环节

★第一轮：诗词对接"如流水"（20分钟）

要求各团队派1名代表从8个题袋中抽取自己团队所要回答的题袋，交给主持人，由主持人来说出诗词的上句或下句，选手立刻回答下句或上句。如主持人说"海内存知己"的下句是什么，选手就得迅速接"天涯若比邻"。若该组在10秒内无法回答下句，该局可以求助于本组的亲友团成员，在该环节中每个团队有2次求助亲友团的机会。每支队伍回答10首诗，答对一题10分，若某团队在该环节中没有使用亲友团在该环节该团队加10分，若使用一次则加5分，全部机会都使用则不加分。计分员统计分数，由主持人公布。

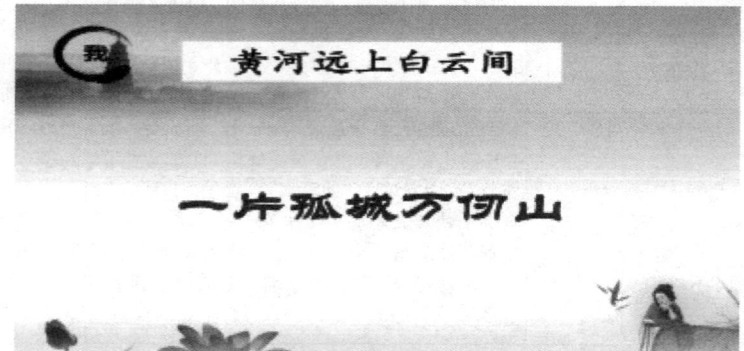

★第二轮：眼疾手快"文思涌"（15分钟）

抢答环节，主持人出题，由参赛队抢答。本环节题目有描述题，文化题等。要求会场必须保持安静，不得提示，不得喧闹影响选手的发挥。如主持人慢慢读"唐朝有这样一位诗人，他字摩诘，官至尚书右丞，故称王右丞，与孟浩然同为盛唐时田园诗人代表，其作品被赞诗中有画，画中有诗。请问他是谁？"的过程中，学生可以抢答，回答正确加10分，回答错误扣10分，此环节一共10道题。

图片题（10分）
看下面的图片，说出表现图片意境的诗句。

爆竹声中一岁除，
春风送暖入屠苏。

描述题（10分）
请根据描述，说出诗人、诗歌的名字和内容。
这首诗的作者是唐代的诗人；
他是"小李杜"中的"杜"，号樊川居士；
这首诗写的是秋天的景色；
秋天，诗人漫步于山路之中；
有一句诗描写了诗人对于绚烂的秋叶的喜爱；
诗歌的最后一句用了比较的表达手法。
请问：这首诗的作者、题目和内容是？

★第三轮：风险投资"技高超"（20分钟）

诗词库里的诗词分为1到6年级，分值为10到60分，每个团队根据所选择的题库进行回答。每个题库里面由主持人随机选择3小题，都是关于一些诗词的判断、选择、填空等题目。如选手选2年级的，题目为登幽州台歌的作者是（　　）。全部回答正确加相应分数，两道题回答正确加总分值的一半，回答正确一道题和全部错误答不加分也不扣分。

20

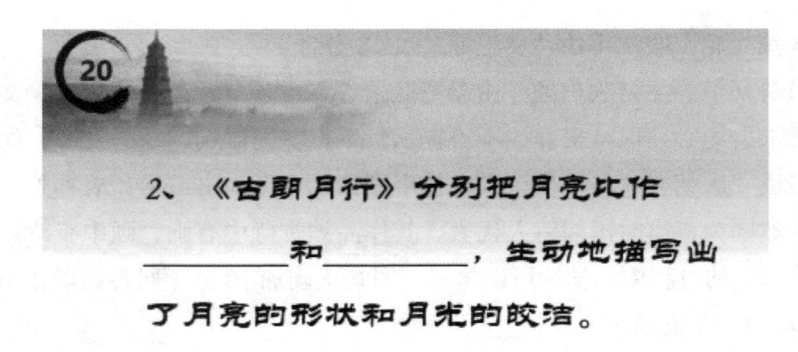

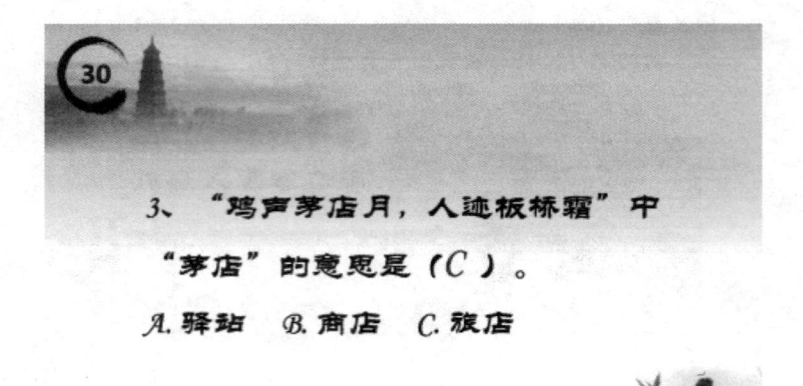

2、《古朗月行》分别把月亮比作_____和_____，生动地描写出了月亮的形状和月光的皎洁。

30

3、"鸡声茅店月，人迹板桥霜"中"茅店"的意思是（ C ）。
A. 驿站　B. 商店　C. 旅店

★第四轮：一字多句"飞花令"（20分钟）

在该环节中主持人向每一团队出示一个字，每个团队派一名组员抽签抽得自己团队的相应题目，该团队根据相应题目，联想含有该字的诗句，把联想到的诗句写在事先赛会准备的题板上，回答本环节每个团队有5分钟的时间，若时间已到，每个团队将自己的纸条交给主持人，主持人交给赛会工作人员进行核对，每答对一句且该句没有错别字加10分，若答对该句但有错别字加3分。

（3）互动环节

在赛会工作人员进行分数统计、核对时，开始互动环节（10分钟）。

（比赛形式例如：该组抽到"海"字，写出所有含有"海"字的正确的诗词。或者任选一人上台背诗，诗名由主持人事先准备好，最后由观众抽签决定。仅限5人，背诵正确者，送纪念奖。）

3. 评分颁奖

公布评分，得分最高者为冠军，次之为亚军，其他团队为优胜奖，并对所有参赛团队进行表彰。

六、活动效果

各队选手，沉着稳重，字字珠玑，经典诗词不绝于耳，萦绕在整个会场，大家情不自禁地为选手的精彩表现送上热烈的掌声。本次诗词大会展现了学生们超强的记忆能力与诵读能力，也在一定程度上为学生们找到了记忆的小窍门，对于学生思维能力和理解能力的发展提供了较好的锻炼机会，同时也帮助学生们巩固了课堂内容和促进古诗词素养的发展。

七、活动反思

通过校园诗词大会的开展，在以后的工作中，永丰中心小学将会重点去推动以下三个方面的工作：

1. 教师是学生的表率，在教学当中，老师可用自己的爱好去潜移默化地感染学生。各班老师要做好导读工作，认真组织好各种形式的读诗词活动。

2. 鼓励学生自主制订阅读计划。充分利用课间时间、节假日时间等，引导学生阅读、指导学生阅读，让更多的学生在集体力量的召唤下，自觉地参与读诗、读书的行列中来。

3. 各班要创造性地开展一些小型的各类诗词讲故事活动。让读诗成为习惯、让学习成为乐趣，形成一种风气、一种氛围，一种促使师生主动学习、自由发展的人文环境。

专题六 明于数

"宇宙之大，粒子之微，火箭之速，化工之巧，地球之变，生物之谜，日用之繁，无处不用数学。"永丰中心小学依托于自然教育、传统益智游戏、创客课程等，培养学生对于知识的综合应用能力以及创新精神，促进学生的思维发展和能力提升。

一方水土，养一方人
——五年级校本课程《家乡的特产》教学案例

一、教学目标

1. 带领学生了解、尊重、热爱自己的家乡，认同家乡文化。
2. 促进文化交流，在相互的了解中，尊重热爱别人的家乡，从而促进国家认同的形成。
3. 树立以故土为荣和建设家乡的远大目标，实现共同发展、和谐发展的远大理想。
4. 了解各类特产生长的自然环境、气候条件等，培养学生从自然科学的角度去思考问题、研究问题。
5. 教会学生收集资料、整合资料的方法，提高学生探究学习、实践研究的能力。

二、教学重点

1. 引导学生了解、尊重、热爱自己的家乡。
2. 促进同学间的相互了解，从而形成族群认同、国家认同。
3. 锻炼学生查找、分析资料的能力，提高学生综合研究的水平。

三、教学难点

通过调查、访谈的方式收集家乡资料，了解特产生长、生产的地理因素、气候因素等。

四、教学分析

1. 背景分析

随着农村城市化进程的加快以及农村教育价值取向出现偏差，很多农村学生对丰富多彩的本土文化缺乏认知和了解，导致家乡认同度下降，对家乡感情淡薄，许多农村出来的大学生不愿意返乡创业就业。但是大力振兴乡村，实现农业、农村、农民的繁荣富裕，离不开大学生这样的高层次人才。但从整体情况来看，我国大学生毕业后大多数会选择北上广深等大城市就业，返乡就业、服务家乡建设和发展的仍是少数。

对中小学生及大学生开展乡土教育，可以使他们从人文、自然和社会等方面认识自己的家乡，增加家乡认同感，长大成才后，愿意返回家乡、服务家乡、建设家乡。

2. 学情分析

从2006年开始，永丰中心小学陆续接收了许多外省来京务工人员子女，外来务工人员子女一度达到93%，分别来自全国22个省市，这些孩子的家远离北京，但那是他们的家乡。了解自己的家乡，欣赏故土风情，将孩子们对于故土的爱推及对于国家的爱，激发学生们的民族意识和家国意识，增强学生对家乡、对祖国的热爱以及民族自豪感、使命感，便是故土系列课程开展的初衷。

五、教学过程

1. 播入视频，导入新课

教师播放《京西稻》视频，提出要求：请大家认真观看，看后告诉老师，你从中了解到了什么？

生：我了解到……

师：京西稻是北京市海淀区特产，全国农产品地理标志。我们刚才看到的稻田就位于海淀区上庄镇，据说稻种是1692年，康熙南巡带回稻种，在玉泉山脚下试种，并亲自筛选栽培而成，供皇家食用。其实在北京，还有好多久负盛名的特产，如京白梨、燕山板栗、房山磨盘柿、密云金丝枣、大兴西瓜等。同学们，你的家乡都有哪些特产呢？

2. 家乡特产我介绍

请同学上前介绍自己的家乡特产。

生1：我的家乡在苏州，那里盛产名茶——碧螺春。碧螺春茶已有一千多年历史，当地民间最早叫洞庭茶，又叫"吓煞人香"，到了清代康熙年间，康熙皇帝视察时品尝了这种汤色碧绿、卷曲如螺的名茶，倍加赞赏，但觉得"吓煞人香"其名不雅，于是题名"碧螺春"。

碧螺春茶树属亚热带耐阴性多年生植物，小叶种茶树。喜温喜湿，要求年平均气温、生产期间月平均气温均在15℃以上。苏州太湖属亚热带湿润气

修之以永 丰之以艺

候区，具有夏季温暖潮湿多雨、冬季干燥寒冷、季风明显、四季分明、冬夏季长、春秋季短、降水丰沛、日照充足和无霜期较长等气候特点。十分适宜碧螺春茶树的生长。

生2：我的家乡在河北省晋州市，是"中国鸭梨之乡"，有着两千多年的种植史。这里的鸭梨之所以品质极佳、远近闻名，主要是由于晋州市属暖温带大陆性季风气候，夏季干燥多风，晴多雨少，多偏南风；地下水甜腻，可直接饮用；秋季昼夜温差较大，有利于水果糖分的积累和多种微量元素的养成，为晋州农特产品的培育及保持独特品质提供了得天独厚的条件。

生3：我的家乡在宁夏，那里特产枸杞，是中国国家地理标志产品。宁夏是枸杞原产地，栽培枸杞已有五百多年的历史。枸杞色艳、粒大、皮薄、肉厚、籽少、甘甜，品质超群，是被载入新《中国药典》的枸杞品种，国家中医药管理局将宁夏定为全国的药用枸杞产地，引入全国十大药材生产基地之一。明代杰出医药学家李时珍所著《本草纲目》中，将宁夏枸杞列为本经上品，称"全国入药杞子，皆宁产也"。同学们可能要问我，为什么宁夏盛产枸杞呢？这是因为宁夏土肥和谐，温寒兼容，排灌当令，光照充分，这种得天独厚的自然地理条件极宜枸杞的成长，再积五百年培养枸杞之精深的传统历史经验，从而使宁夏枸杞得以品正久袭，名压群芳。

……

3. 交流讨论，拓展学习

师：同学们，除了自己的家乡特产外，你还喜欢哪位同学的家乡特产？你想了解它的哪些方面，请同学们自由组合，讨论交流一下吧！

（学生讨论交流）

师：同学们，我们了解了许多的地方特产，接下来，你能试着通过查资料的方式，将各地特产的生长条件和气候要求进行汇总分析吗？

4. 教师总结

在我国辽阔的大地上，气候多变，物产丰富，种类繁多，如江南有茶香——龙井茶，西北有瓜香——哈密瓜，西南有酒香——贵州茅台，东北有树香——大兴安岭。

一方水土，养一方人。不同的土壤、不同的水质、不同的温度、不同的光照，会滋养出不同的地方特产，就像我们语文课本中所学的"橘生淮南则为橘，生于淮北则为枳"，因此橘子只能是南方的特产，就像长白山灵芝仅生长在长白山的柞木上一样。这是由于长白山常年处于寒冷的天气中，无霜期短，昼夜温差大，空气洁净度极高，是最适宜灵芝生长的自然环境。长白山有着丰富的野生柞树，野生柞树生长周期长，营养成分十分丰富，最适宜作为灵芝培养基；长白山花岗岩层中的矿泉水，天然纯净，无污染，偏硅酸含量52毫克/升，具有医疗功效，作为灵芝栽培用水，有利于提高灵芝的药效。

千里江山，万里画卷。祖国的大好河山还有很多有趣的事物，等待我们去发现、去钻研。同学们，你们准备好了吗？

六、教学效果

1. 学生查找资料、汇总分析资料的能力得到了很大的提升，在此过程中，也让学生认识到了电子设备的正确用途。

2. 通过对于特产生长环境的认识，学生认识到了大自然中各种事物的产生与发展都有着相应的条件，只有条件具备，才会顺理成章地产生，如果违背了自然法则，便不会得到想要的成果。

3. 学生对于家乡有了更加深刻的认识，也了解到了更多的地理风貌、风土人情、生活习俗等，在加深故土之情的同时，也激发了学生的爱国之情。

七、教学反思

一方水土，养一方人。不同的水土孕育不同的文化，不同的山川滋养不同的风物。在课程中，通过不同学生的介绍，我们不仅可以了解到特产的生长环境，更能体会到丰富多彩的民俗风情，但是有的学生准备得不够充分，没有机会发言；而有的同学，则是想要说的太多，没有重点，因此，在课堂中，我们只抽取了部分同学，让其进行介绍，期待有更多的机会，让更多的同学有更多的发言机会。其次，本次课程的主要目标一方面是培养学生热爱家乡，热爱祖国的情感，一方面还通过项目式学习，让同学根据温度、土壤、水分等数据，总结特产的生产条件，锻炼学生的分析能力、语言表达能力等。但在思维能力培养这一部分，还是有所欠缺，后续有望改进。我们的祖国地大物博，资源丰富，还有着许许多多的地方等着我们去发现、去探索！

探索数理的奥秘，感受数字的魅力
——六年级校本课程《游戏中的数学思维》教学案例

一、教学目标

1. 让学生参与游戏过程，在观察、猜想、实践操作、验证中，发展学生的动手操作、自主探究、合作交流等能力。
2. 在转盘游戏中，体会事件可能性发生的大小和所占区域大小之间的关系。
3. 在下棋游戏中，寻找必胜的策略，探索其中的秘密，培养学生的逆推能力。
4. 引导学生学以致用，解决、解释生活中的数学问题。
5. 激发学生的学习兴趣，培养学生的数学思维。

二、教学重点

1. 通过游戏活动，了解数学在游戏中的应用。
2. 激发学生的学习兴趣，引导学生学以致用。
3. 培养学生的逻辑思维能力和动手操作能力，让学生在实践中获得真知。

三、教学难点

1. 体会事件可能性发生的大小和所占区域大小之间的关系。
2. 寻找必胜的策略，探索其中的秘密。

四、教学分析

1. 背景分析

只有具有良好的思维品质，人的潜能才能得到充分的开发。而数学在形成人的理性思维、科学精神和促进个人智力发展中发挥着不可替代的作用。在《义务教育数学课程标准（2022年版）》中，数学要培养的学生核心素养主要包括三个方面：

（1）会用数学的眼光观察现实世界；能够理解自然现象背后的数学原理，能够在实际情境中发现和提出有意义的数学问题，进行数学探究。

（2）会用数学的思维思考现实世界；能够探究自然现象或现实情境所

蕴含的数学规律，经历数学"再发现"的过程。

（3）会用数学的语言表达现实世界；能够理解数据的意义与价值，会用数据的分析结果解释和预测不确定的现象，形成合理的判断或决策。

在小学阶段，学生数学素养的主要表现为：数感、量感、符号意识、运算能力、几何直观、空间观念、推理意识、数据意识、模型意识、应用意识、创新意识等。

2. 学情分析

六年级的学生正处于形象思维向逻辑思维过渡的阶段，已能够理解体系化的小学数学，基本上能自主推理解题，并经过一系列逻辑思维得到结果。因此，在校本课程设计中，我们通过创设问题情景，以学科融合的思维，为学生提供锻炼的空间和发展的机会，拓展学生的实践领域，目的在于提高学生的逻辑思维能力和解决实际问题的能力。

五、教学过程

1. 创设情境

师：在古代欧洲某国，有一个大臣冒犯了国王，国王大怒，决定将大臣处死。按照该国当时的法律，死因在临刑前还有一次选择生死的机会，那就是由大法官拿来一个盒子，盒子里有两张纸片，分别写有"生"与"死"。如果摸到"生"则"生"，如果摸到"死"则"死"。同学们，你们认为这个大臣会摸到什么呢？

学生回答。

生：可能会摸到"生"，也可能会摸到"死"。

生：两种可能都有。

师补充：也就是说我们不能确定这个大臣究竟是生还是死。

可是，国王偏偏想让这个大臣死，于是派人悄悄地把盒中的"生"字拿掉，换成"死"字，而大法官并不知道。同学们，你们想想，这下大臣的命运会怎么样呢？

生：这个大臣不管摸到哪张纸片都是"死"字，所以这位大臣一定得死。

师：有个好心人悄悄地把这个秘密告诉了大臣，这个大臣想了一夜，终于想到了一个好办法。临刑前，当大法官把盒子拿来要大臣选择生死时，这个大臣拿起盒中的一张纸片，看也不看，猛地吞进肚里，在场的人都惊呆了，因为不知道他究竟拿了哪张纸，大法官只好命人看盒中的另一张纸，只见另一张纸上写着"死"字，大法官便说："大臣一定吞下了'生'字，他不该死。"于是便把大臣给放了。这个大臣用他的智慧赢得了生命。

同学们，在这个故事中，大臣的生死一波三折，我们谁也不能确定大臣究竟会生，还是会死，其实在这个故事中蕴藏了一个数学知识，那就是我们今天所要学习的知识：可能性。

2.转盘游戏

师：同学们，商场经常利用转盘游戏进行抽奖，你知道顾客中奖的可能性和什么有关系吗？今天，我们一起来探索其中的奥秘吧！

（1）猜一猜

如图所示，随意一转，指针可能落在哪种颜色区域？谁的可能性最大？

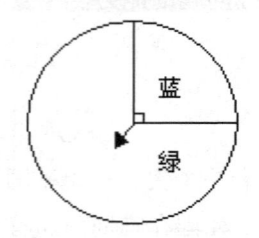

步骤一：四人一组。每人转5次，并记录结果。

组员	第一次	第二次	第三次	第四次	第五次
学生1					
学生2					
学生3					
学生4					

步骤二：全班交流。

根据每个小组的记录，分别计算出指针落在蓝色区域和绿色区域的次数。交流讨论，产生这种结果的原因。

教师小结：区域面积的大小和指针落在哪的可能性大小是有一定关系的。区域面积越大，指针落下的可能性就越大，区域面积越小，指针落下的可能性也就越小。

（2）探一探

设计一个带有4种颜色的转盘，并使它停留在红色区域比停留在蓝色区域的可能性大。

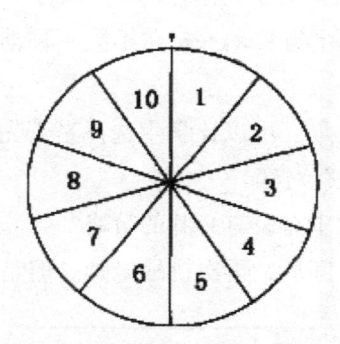

根据"猜一猜"活动所得出的结论，给转盘涂上相应的颜色。测试转盘，论证旋转后的最终结果是否符合要求。改进转盘，使其符合题目要求。全班交流，分享制作经验，总结转盘设计心得。

（3）转一转

一人转盘，一人猜数。猜对者获胜，猜错了另一方获胜。猜数的方法：猜奇数和偶数；猜3的倍数和不是3的倍数。这两种方法对双方是否公平？可任选一种猜数。如果你是猜数者，你会选择哪种方法？

学生可先思考，再选择方法实践。

3. 下棋游戏

师：同学们，接下来，我们要进行下一个游戏"下棋"。

（投影：出示棋盘）

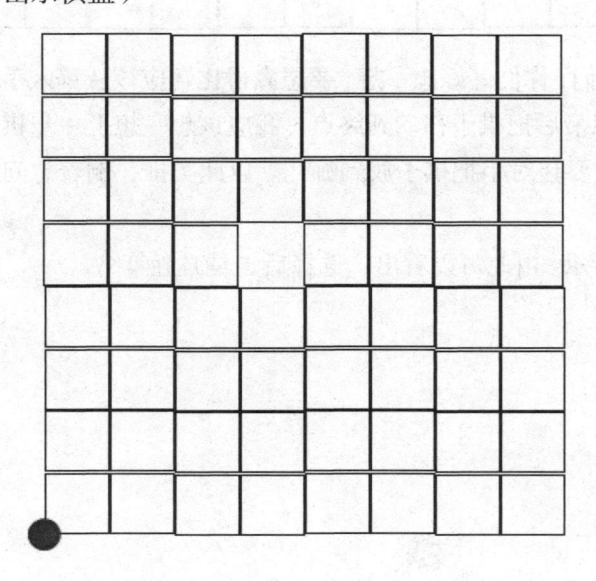

（规则如下：棋子的起始位置是左下角，双方交替各移动一次棋子。每次只能向右或向上或向右上方移动一格，不能不移动。最终将棋子移动到右上角的人获胜。）

老师先与学生对弈几局。可以让学生选择是否先走。学生在熟悉了棋局后，可以两个学生一组进行对弈。

思考：在下棋的过程中有没有必胜的策略？

学生在探索了一段时间后，再次挑战老师。但是这次要变换棋盘。

（投影：出示棋盘）

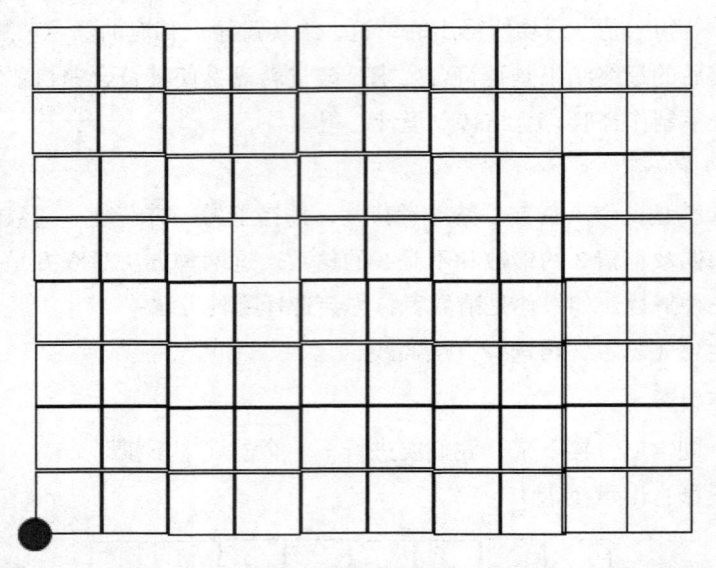

师：同学们，你们好好想一想，要想赢得比赛应该从哪入手去思考问题？

生：要想最后把棋子移动到终点，我应该想一想上一步棋子可能在哪些位置，也就是要让对手把棋子放到哪儿。以此类推，倒着想问题，逐步占领关键点。

如下图所示：由此可以看出，选择后走是必胜策略。

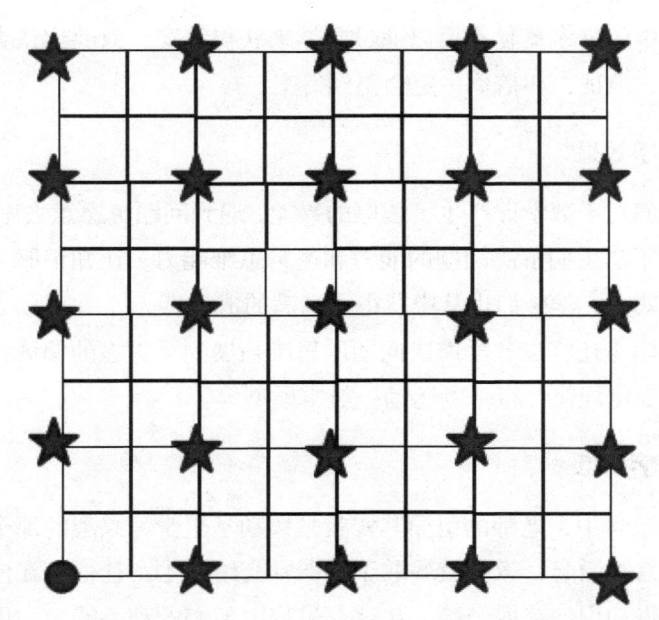

生：在决定谁先走之前，我会先数一数棋盘横向和纵向的格数，然后大致计算一下双方交替行进的路线，这时会得出结论，选择后走是必胜策略。

……

师：同学们，下面我们可以两两一组，设计棋盘，然后对弈，看谁的必胜策略更高一筹。

（学生开展游戏）

师：你觉得这样的棋局会像围棋、象棋那样推广开来，并被人们所喜爱吗？

（学生展开讨论）

师：你觉得这个游戏规则要如何制定才能被人们接受，才会更合理呢？

（学生展开讨论）

4. 课程总结

师：同学们，本节课我们主要学习游戏中的两个数学问题，概率和逆推，一个是告诉我们做一件事获胜的概率有多大，一个是告诉我们获胜的策略。

其实我们的生活处处都离不开数学，只有细心的人才能从中获得发现。

其实，生活中的许多奥秘都可以通过数学来获得答案，只要你认真地观察，不断地思考、求证，相信你一定会得到答案。

六、教学效果

1. 学生们对于数学课产生了浓厚的兴趣，遇到问题更愿意去思考、探索。
2. 提高了学生们解决问题的能力和逻辑思维能力，让知识服务于生活，让学习更有动力，学生们也从中获得了满满的成就感。
3. 很多学生还将以数学解决问题的思维拓展到了更多的领域，如二十四节气的气候变化规律、行星的运动、航空模型等。

七、教学反思

在课堂教学中，老师的引导其实就是撬动学生学习兴趣的那个支点。学生的兴趣一旦被激起，教师就要敢于将课堂交给学生，让他们在探索、实践与验证中获得知识、获取经验，在这一过程中他们的动手能力、思维能力、语言表达能力、团结合作能力都将得到极大的提高。授人以鱼，不如授人以渔。老师要做的就是教会学生学习的方法，引导学生学习的兴趣，然后让其自由地在知识的海洋中翱翔。在本节课中，作为老师还是主导过多，同时也由于课堂时长的限制，学生们都还意犹未尽时，就下课了，期待学生们能持续保持浓厚的兴趣，在未来的学习中尽情发挥。

动手动脑，感受创客魅力
——六年级校本课程《发报机》教学案例

一、教学目标

1. 学习发报机的搭建，提高动手能力，进一步熟悉各类元器件。
2. 认识蜂鸣器传感器和 LED 传感器。
3. 学习摩尔斯电码，并利用可视化编程语言控制发报机进行简单的发报操作。
4. 通过观察、实际操作，教会学生进行研究性学习，培养学生的逻辑性思维。

二、教学重点

1. 发报机的搭建，动手能力的培养。
2. 摩尔斯电码的学习，学会简单的密码发报。
3. 锻炼学生的动手操作能力、逻辑思维能力以及研究性学习的能力。

三、教学难点

1. 传感器的连接与使用。
2. 摩尔斯电码的学习与使用。

四、教学分析

1. 背景分析

创客在创造一件作品时，往往需要跨越多个学科，综合应用多种知识和技能，不断地探究、体验、实验、检验。创客在解决问题的过程中不断学习新知识、消化吸收旧知识，并通过实践应用将知识内化、巩固、提升。这种个性化的动手探究能力、问题解决能力，正是当前学校教育所忽视和亟待大大增强的。创客式学习为解决当前人才培养中存在的高分低能、创新人才缺乏等现实问题，提供了新的解决思路。

当前一个阶段，我国创客教育与 STEAM 教育在迅速发展的同时也存在一些问题。创客教育出现了大跃进态势，过分注重技术的炫酷，一窝蜂地学习编程，安装开源电路，3D 打印，设计制作机器人等。创客教育由于缺乏科学教育设计以及基础性学科知识的注入，而出现了泡沫化苗头。STEAM 教育发展存在的主要问题是课程设计多以某个主题切入，比较随意，未能与现行的课程标准进行融合，也尚未形成成熟的课程体系。"动手动脑，感受创客魅力"系列课程，就是基于以上问题解决，以科学教育设计的理念，在与现行课程标准进行融合的基础上进行了相应的课程设计。

2. 学情分析

在这个信息化高速发展的时代，作为青少年，他们需要了解基本的信息技术，常规的课堂教学已不能满足信息时代的学生知识需求。利用学校的多媒体资源，开展学生喜闻乐见的教学活动，满足学生对于新知识、新技术的需求，是教师的职责所在。

3. 配件准备

表 1　配件表

品名	规格	数量
双孔梁	9 孔	4
双孔梁	8 孔	3
双孔梁	12 孔	1
双孔梁	5 孔	3
按键开关		1
LED 灯		1
蜂鸣器传感器		1
主控板	核心板、iArduing 扩展板	1
塑料螺丝		6—8
螺丝		若干
M4 螺母		若干
M4 单通六角铜柱		若干

五、教学过程

1. 提出问题，导入新课

师：同学们，你们知道人们都用哪些方式传递信息吗？

生：书信、电话。

生：抗战时期，军队还会用电报传递信息。

师：你知道现代通信方式的工作原理吗？

（投影：现代数字通信是用电路的接通和断开来传递信息的。现代通信看似复杂，实际上和发电报的原理基本相同。）

师：1837 年，世界上第一台电报机的发明，拉开了电信时代的序幕，开创了人类利用电来传递信息的历史。从此，信息的传递速度得到了极大的提升。"嘀—嗒"一响（1 秒钟），电报便可以载着人们所要传送的信息绕地球走上 7 圈半。这种速度是以往任何一种通信工具所望尘莫及的。今天，我们就来学习发报机。

2. 认识摩尔斯电码，学习发报

师：在谍战剧中，我们经常会看到人们利用电报机进行发报，嘀嗒嘀嗒的发报声，它们都代表什么意思？

（投影：出示摩尔斯电码表）

师：电码符号由两种基本信号和间隔时间组成：短促的点信号"．"，读"嘀"；长信号"—"，读"嗒"，时间长度约为"．"的 3 倍。

（1）练习摩尔斯电码

（投影：出示摩尔斯电码发报机声控训练 0~9 十个数字的时间把握）

摩 尔 斯 电 码

A ·—	K —·—	U ··—	1 ·————
B —···	L ·—··	V ···—	2 ··———
C —·—·	M ——	W ·——	3 ···——
D —··	N —·	X —··—	4 ····—
E ·	O ———	Y —·——	5 ·····
F ··—·	P ·——·	Z ——··	6 —····
G ——·	Q ——·—		7 ——···
H ····	R ·—·		8 ———··
I ··	S ···		9 ————·
J ·———	T —		0 —————

（2）认识译码本

电报光有电码还不行，还要有专用的译码本。

（投影：出示摩尔斯电码译码本）

（3）学习发电报"我去找你"

教师指导学生练习将汉字"我""去""找""你"分别转换成数字，然后将数字写成摩尔斯电码，最后用"嘀""嗒"把握时间，发送电码

（4）指名一生上台发送自己的信息，一生白板书写电码符号，全班记录、译码

师：通过发电报，我们学习到了摩尔斯电码的发报流程和信息传递的作用。而在信息技术高速发展的今天，我们的通信技术得到了极大的发展。下面让我们一起通过电报机组装及可视化编程，感受科学技术与通信技术的巨大发展吧。

3. 搭建发报机

大家打开制作手册，通过手册指导完成发报机的搭建。教师在此过程中，指导学生完成该活动并帮助有困难的小组，解决活动过程中遇到的问题和突发状况。

搭建底座

安装中控系统

安装传感器

组装主控板

将核心板的亚克力板拆除，将扩展板下半部用单通六角铜柱固定在核心板上。然后用（M4×8）圆柱头螺丝替换原有的 M4 螺丝，将亚克力板固定。

固定主控板

整体组装

4. 连接硬件，编辑程序

（1）打开主控板电源，在设备启动后用电脑连接 Wi-Fi（名称为主控板上的编号，密码同名字）。

（2）连接 Wi-Fi 后，打开浏览器输入网址 192.168.8.1/blockly/，点击"交互控制"进入编程界面。

（3）依据需求设计编程语言。

"1端口"是开关控制器，"2端口"是 LED 控制器，"3端口"是蜂鸣器，"高电平"是开，"低电平"是关。

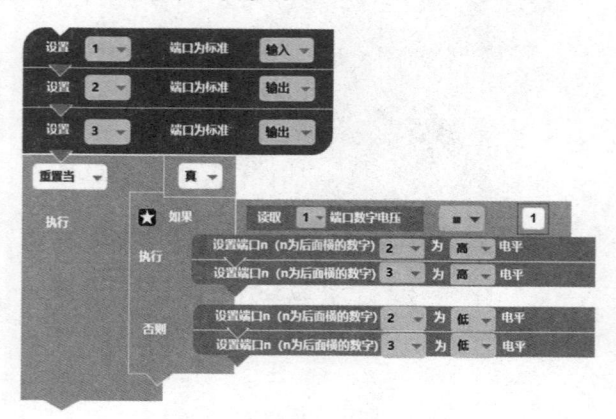

（4）请各小组分别演示自己的成果。

六、教学效果

利用电教手段，将传统的、静态的、封闭的课堂模式变成了现代的、动态的、开放的课堂教学模式，使科学课堂更加形象生动，更富感染力，更能激发学生的学习兴趣和求知欲。让学生在有限的教学时间内更轻松地学到更多的知识。

电码练习、可视化编程，让学生把注意力集中到了教学内容上，满足了学生的好奇心和表现欲，使他们更加积极主动地参与学习。同时在两种信息发送方式的比较中，学生也更直观地感受到了科技发展对于通信技术发展的巨大推动作用，激发了他们更加浓厚的科学探索兴趣。

七、教学反思

课程内容较为丰富，在教学时间的调整上还有待改进，学生分组练习的时间不够充分，最好利用长课时来上这类课程，这样每个学生都将有机会用各种形式来表现自己。

多媒体教学，准确形象，学生易于接受和掌握，能较好地调动学生的积极性和参与感，提高学习效率，可向其他学科进行推广。

动手动脑，感受创客魅力
——五年级校本课程《有趣的溶解现象》教学案例

一、教学目标

1. 引导学生进行观察，逐步认识"溶解"现象。
2. 学生参与提出猜想、验证猜想等系列实践活动，经历一个较完整的小课题研究过程。在探究过程中培养学生的观察、质疑、判断、操作和归纳的能力。
3. 进一步培养学生细致的观察习惯和严谨的求知态度，渗透科学的思想方法，体验科学探究的乐趣，初步学会用数学研究问题的方法。

二、教学重点

1. 引导学生大胆猜想，并通过实验验证猜想，激发学生的科学探究兴趣。
2. 在课程中培养学生一丝不苟的科学精神、敏锐的判断力和洞察力、条理清晰的归纳总结能力。

三、教学难点

1. 结合猜想，进行科学探究、实验验证。
2. 根据实验数据，判断、归纳、总结研究结论。

四、教学分析

1. 背景分析

一个时代有一个时代的主题，一代人有一代人的使命。立足学生核心素养的培养，对未来的社会主义建设者和接班人，要按照习近平总书记关于青年要"爱国、励志、求真、力行"的要求，培养能够担当中华民族复兴大任的时代新人。他们需要有独立的思考能力、辩证分析能力，有身体力行、说实话干实事的定力，有敢想敢干、勇于创新的魄力。

2. 学情分析

五年级的学生已经具备了较强的操作能力，观察、质疑、判断和归纳的能力，在以往的小组合作中，得到了充分的发挥，当学生们面对常见现象中存在的矛盾，十分感兴趣，具有主动探索、实验的热情。

五、教学过程

1. 创设情境

师：请同学们利用前面学过的"测量不规则物体体积"的知识与方法，测量出桌面上石块的体积。

生：将石块放进一定体积的水中，然后测量加入石块后的总体积，最后减去原来水的体积，便可以得出不规则石块的体积。

（板书：水的体积+石块的体积=石块和水的体积之和）

师：同学们，我们再来做一个小实验。

（请同学将量杯中的食盐放到水中，并搅拌）

师：同学们，你们有什么发现？

生：我发现食盐溶解到了水中。

师：像食盐这样均匀地分布到水中的现象，被称为溶解。今天就让我们一起来研究一下有趣的"溶解现象"。

（板书课题：有趣的溶解现象）

2. 知识迁移，大胆猜想

师：同学们，将适量的盐放入适量的水中，食盐溶解后变成了盐水，请同学们试着猜想一下，这盐水的体积跟食盐体积、水的体积之间有着怎样的关系？

（学生大胆猜想）

（板书：盐的体积＋水的体积＝？ ＞？ 盐水的体积）

师：很多数学结论都是通过数学家们无数次实验操作去验证而得出来的。今天，我们也要通过实验操作去验证一下我们的猜想。

【设计意图：学生们刚经历了用求体积差的方法求体积，经验会使他们认为，溶解问题仍然遵循这个规律：水的体积＋盐的体积＝盐水的体积。但是根据生活经验，也会有同学提出质疑，在全班同学的大胆猜想中，学生们实验研究的兴趣便会被充分地激发出来。】

3. 动手操作，积极验证

（1）出示实验要求。

取适量的水和适量的盐，想办法分别测量出它们的体积。将盐倒入水中，用玻璃棒搅拌至完全溶解，形成盐水。测量并计算出盐水的体积。（读取数据时，要平视，尽量减少误差）比较水和盐的体积之和，与盐水的体积是否相等。在实验的过程中，要合理分工，做好实验记录。实验过程中，要注意爱护实验器具，轻拿轻放。如果在实验过程中不小心打碎了玻璃仪器，要及时用扫帚等清洁工具，打扫干净，不可用手直接接触碎玻璃。

（2）学生补充注意事项，温馨提醒其他同学。

（3）小组合作探究，合理分工，动手实验。

小组同学做好分工，选好测量员、记录员、汇报员；取的盐和水要适量，盐放入水中后用玻璃棒搅拌至完全溶解后再测量盐水体积。教师可在此期间，对个别小组进行有针对性的指导。

【设计意图：让学生在动手实验前先去思考可能发生的问题，提前提醒其他同学，学生的印象会更加深刻。实验中的盐量及水量都由小组同学自己商量决定该如何选择盐量和水量，多少才合适，每个小组都会给出不同的答案，这样带着思考的实验更具有价值，同时多样的实验结果能更好地验证结论的正确性。】

（4）汇报实验结果。

教师将各小组汇报的实验结果进行汇总，以如下表格的形式展示出来。

表1 小组实验结果汇总表

小组名称	水的体积	盐的体积	盐水的体积

师：请同学们仔细观察实验记录中的数据，你发现了什么？

生：我们小组的实验结果是，盐的体积＋水的体积＞盐水的体积。

生：我发现盐的体积＋水的体积＝盐水的体积。

师：为什么会有这样两种结果出现呢？下面咱们来看一看，这两组同学所使用的盐量和水量，有什么不同？

生：我的水量和盐量的比例是3∶1，所以我的发现是盐的体积＋水的体积＞盐水的体积。

生：我的水量和盐量的比例是15∶1，所以我的发现是盐的体积＋水的体积＝盐水的体积。

师：当适量的水加入适量的盐时，盐才能完全溶解，盐量和水量相差较多时，盐水的体积与水的体积相比，变化微乎其微，可忽略不计。这是由于目前我们的测量方法，还无法计算，等今后上了初中、高中的时候，会有更精确的测量方法和测量工具帮助我们验证。

【设计意图：学生通过动手实验，最后反馈汇总实验结果，能清楚地看出盐的体积＋水的体积＞盐水的体积。若当盐量极少时，盐的体积＋水的体积几乎等于盐水的体积。通过自己做实验去验证刚才的大胆猜想，让学生们充分体会数学研究的乐趣与成功的喜悦。】

4. 巩固应用，拓展延伸

师：在生活中，你还知道有哪些物质也可以溶解于水中？

生：糖、洗衣粉、消毒液等。

师：都是溶解，是不是其他物质溶解后的体积与原来的体积相等呢？带着这样的疑问，我们再做一次实验来验证一下，我们的结论如何？

（老师用事先准备好的定量的糖，请同学们加水，加入多少由学生们自己决定，确保完全溶解即可）

（学生完成对糖的溶解实验，小组反馈实验结果，再次验证刚才的结论）

师：关于溶解现象，同学们还有什么想知道或想探究的吗？

生：为什么盐溶解到水中之后，盐的体积 + 水的体积 > 盐水的体积呢？

师：这是由于水分子之间的空隙比较大，适量的盐放入适量的水中之后，变成了肉眼看不见的小微粒，分散到水分子的空隙中，填补了水分子间的空隙，所以，水的体积 + 盐的体积 > 盐水的体积。

【设计意图：教师引导学生经历"大胆猜想—实验验证—拓展应用—发现新问题——分析问题，寻找原因"的研究过程，让数学知识回归生活，并通过模拟实验来直观感知溶解现象产生的原因，让学生充分感知数学来源于生活。】

六、教学效果

在课堂上，学生们大胆猜想，积极发言，主动参与实验验证，并能够根据自己的实验数据进行合理的分析与总结归纳。

在小组分工中，学生们能够充分发挥所长，各司其职，圆满地完成实验任务，而且有的小组面对实验中产生的新问题，还能够积极地改进实验方法，为获得科学的实验数据而努力。学生们的学习态度和学习兴趣得到了较高程度的发挥。

七、教学反思

这节课是在学生学习不规则物体体积测量方法的基础上安排的校本课程，目的是通过让学生感知物质存在状态的多样性、真实性，从而加深学生对于体积概念的理解。在实验过程中，教师负责引导学生的大胆猜想，学生负责认真、积极地参与实验验证过程。学生们对于组内的分工以及实验数据的记录与分析，让老师感到惊讶，原来将课堂交给学生，学生们能还给老师意想不到的收获，学习兴趣浓厚，学习效果良好，但是课堂的秩序、安静程度有待提升，这也是以后类似课程需要注意的地方。

古今运河美名扬，智慧千里贯南北
——六年级校本课程《京杭大运河》教学案例

一、教学目标

1. 了解京杭大运河的开凿历史，感受我国劳动人民的勤劳与智慧。

2. 从地理的角度，认识大运河流经区域，以及对于当地生产劳动的促进作用，体会大运河开凿的重要性。

3. 了解京杭大运河沟通五大水系的重要作用，以及它在现代交通和南水北调中的积极意义，激发学生渴望了解大运河的愿望。

4. 明确大运河的历史地位和作用，以及它在世界上的巨大影响力，增强民族自信心，培养学生的爱国之情。

二、教学重点

1. 了解大运河流经区域，以及对于五大水系的沟通作用。

2. 体会大运河开凿中的中国智慧，学习相关水利知识。

3. 结合现代交通、南水北调，进一步明确京杭大运河的重要作用。

三、教学难点

认识大运河对中国历史发展的推动作用。

四、教学分析

1. 背景分析

京杭大运河，发端于春秋战国时期在扬州开凿的邗沟，迄今已有近2500年的历史。它北起北京，南至浙江杭州，纵贯北京、天津、河北、山东、江苏和浙江，沟通海河、黄河、淮河、长江和钱塘江，全长1747公里，是中国古代劳动人民创造的堪与长城媲美的人工奇迹。千百年来，京杭大运河一直是中国重要的南北水上运输通道，对于国家的统一、经济的繁荣、文化的融合以及对外开放和国际交往都发挥过非常重要的作用。从历史上的"南粮北运""盐运"通道，到现在的"北煤南运"干线以及防洪灌溉干流,这条古老的运河至今仍在中国的经济发展中发挥着巨大的作用。最近10多年来,经国家多次投入巨资整治,京杭大运河重新焕发了活力。如今,每年仅经古运河江苏北段的货物运输量就近1亿吨,相当于3条铁路的运输量。其中产自中国北方的煤炭每年约有4000万吨通过运河南运到华东地区。早在20世纪60年代,中国东部的江苏省就开始利用京杭大运河河道向北调水。建设在运河与长江交汇点上的江都抽水站是目前亚洲最大的抽水站,可以每秒473立方米的流量将长江水调入古运河中。每年枯水季节,通过设在古运河上的10个梯级逐级翻水将江水送达江苏淮北地区和山东南部。

2. 学情分析

根据对于全校师生的调研来看,师生们对于如此重要的一条河流却十分陌生。

表1 中年级学生调查问卷数据统计

题号	选项	回答人数/人	百分比/%
2	(1)知道运河名字	2	3.64
	(2)不知道运河名字	53	96.36
3	(1)没有正确填写	55	100.00
	(2)没有写出	55	100.00
4	(1)听说过	7	12.73
	(2)没有听说过	48	87.27
5	(1)参观过	4	7.27
	(2)从未去过	45	81.82
	(3)通过电视、书籍了解	32	58.18
6	(1)没有写出	55	100.00

表2　高年级学生调查问卷数据统计

题号	选项	回答人数 / 人	百分比 / %
2	（1）京杭大运河	24	41.38
	（2）最北端	36	62.07
	（3）最南端	35	60.34
3	（1）填写错误	58	100.00
4	（1）填写正确	12	20.69
5	（1）听说过	20	34.48
	（2）从来没有听说过	14	24.14
6	（1）参观过	19	32.76
	（2）从未去过	19	32.76
	（3）通过电视、书籍了解	20	34.48
7	（1）流经我的老家	17	29.31
	（2）不流经我的老家	14	24.14
	（3）不知道	14	24.14
8	（1）未填写	58	100.00

表3　教师调查问卷数据统计

题号	选项	回答人数 / 人	百分比 / %
2	（1）回答京杭运	25	96.15
	（2）同时回答隋	1	3.85
	（3）回答京密运	1	3.85
	（4）同时回答春秋	5	19.23
	（5）同时回答元	6	23.08
3	（1）未作答	1	3.85
	（2）回答京杭运	26	100.00
	（3）回答北京	25	96.15
	（4）未回答南北	1	3.85

续表

题号	选项	回答人数/人	百分比/%
4	（1）流经5个省市	5	19.23
	（2）流经6个省市	8	30.77
	（3）流经7个省市	1	3.85
	（4）流经8个省市	2	7.69
5	（1）永定河	5	19.23
	（2）京南运河	1	3.85
	（3）北段	1	3.85
	（4）通惠河	2	7.69
	（5）通州境内	2	7.69
	（6）京通	3	11.54
	（7）北京	8	30.77
6	（1）知道	4	15.38
	（2）不知道	21	80.77
	（3）未回答	1	3.85
7	（1）参观过	8	30.77
	（2）从未去过	14	53.85
	（3）通过电视、书籍了解	12	46.15
8	（1）知道	4	15.38
	（2）不知道	22	84.62
9	（1）回答正确	7	26.92
	（2）回答错	9	34.62
	（3）未回答	10	38.46
	（4）航运	26	100.00
	（5）经济需求	8	30.77

续表

题号	选项	回答人数/人	百分比/%
10	（1）进洪闸	4	15.38
	（2）排洪	2	7.69
	（3）游玩	1	3.85
	（4）洗涤	1	3.85
11	（1）未作答	22	84.62
	（2）填写材料内容	4	15.38
12	（1）民间传说	17	65.38
	（2）民间故事	9	34.62
	（3）谜语	9	34.62
	（4）神话	8	30.77
	（5）故事	7	26.92
	（6）歌谣	6	23.08
	（7）戏曲	3	11.54
	（8）曲艺	3	11.54
13	（1）自然教育	17	65.38
	（2）礼文化教育	14	53.85
	（3）办学理念	11	42.31
	（4）育人目标	2	7.69
	（5）校训	2	7.69
	（6）学校门	1	3.85

3. 预习资料

为师生们准备了充分的阅读资料，而且也成立了书籍漂流岛，允许同学们互换书籍，交换阅读。

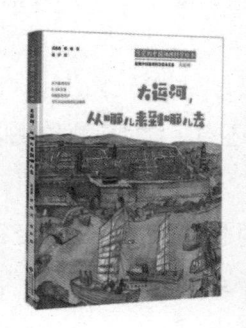

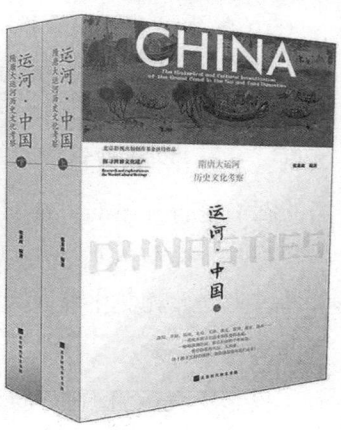

五、教学过程

1. 观看视频，导入课程

（投影：观看《京杭大运河》视频）

师：关于大运河，你都有哪些了解？

生：京杭大运河始建于春秋时期，是世界上里程最长、工程最大的古代运河，也是最古老的运河之一，与长城、坎儿井并称为中国古代的三项伟大工程。

生：大运河南起余杭（今杭州），北到涿郡（今北京），途经今浙江、江苏、山东、河北四省及天津、北京两市，贯通海河、黄河、淮河、长江、钱塘江五大水系，主要水源为微山湖，大运河全长约1797公里。

生：京杭大运河显示了中国古代水利航运工程技术领先于世界的卓越成就，留下了丰富的历史文化遗存，孕育了一座座璀璨明珠般的名城古镇，积淀了深厚悠久的文化底蕴，凝聚了中国政治、经济、文化、社会诸多领域的庞大信息。

……

师：同学们，你们还想了解大运河的哪些方面呢？

2. 初识大运河

（1）认识大运河的起点、终点、流经省份、流经水域、长度。

（投影：观察中国地图，找到北京、天津、河南、山东、江苏、浙江、安徽等省份）

（2）学生试着画出京杭大运河。

（投影：地图上的京杭大运河流经区域）

带领学生试着绘制京杭大运河，并标明所经地名。

师：请同学们对照地图，认真观察一下，会发现京杭大运河是沿着许多著名的湖泊进行开凿的，你知道是什么原因吗？

（提示：京杭大运河可以借助自然湖泊储水和引水，这样就能解决因地理条件恶劣、天气变化等原因而引起的断水情况，能较大程度地保持通航。）

3. 再识大运河

（投影：大运河沟通五大水系）

师：同学们，请认真观察，大运河都沟通了哪五大水系？

生：海河、黄河、淮河、长江、钱塘江五大水系。

师：下面，请同学们在自己绘制的京杭大运河上，再增加它所沟通的五大水系。

学生标注五大水系。

师：京杭大运河的开通为沿线地区的工农业发展，起到了巨大的推动作用，如南方的丝绸、农产品等，可以经过水运，直达紫禁城，而北京城的各类稀罕物什，也会在较短的时间内，由京杭大运河转向全国各地。另外，在大运河沿线还产生了很多的名胜古迹，我们一起来欣赏一下吧！

（投影：大运河扬州段）

师：大运河最古老的一段就在扬州，是最繁华、周围名胜古迹最多的一段。古运河穿城而过，两岸遍布园林、古建筑，周围的街道集市热闹非凡，最能够体现这座古城的热闹民风。尤其是夜晚降临时，古城楼亮起灯光，大街小巷人们欢声笑语，宛若回到古代盛世。

（投影：大运河苏州段）

师：大运河苏州段工程浩大、技术复杂，见证了我国古代先进水利工程的杰出成就。运河与苏州古城水系融为一体，苏州水系造就了古城水陆并行、河街相邻的城市布局，并直接促成了享誉世界的苏州古典园林。这种水上园林城市景观，在大运河沿线城市中独一无二。

大运河苏州段历史文化遗存数量多，类型丰富，价值高。9 个古典园林被选为世界文化遗产，6 个项目被选为世界非物质文化遗产；有国家登记保护的物质文化遗产 690 处，有国家登记保护的非物质文化遗产 118 项。

如今，大运河苏州段每天通过的船只有 6000 艘以上，约占运河全年通航总量的五分之一，苏州段运河是目前京杭大运河货流强度最大的航段，是整个大运河最繁忙的河段之一，也是最具活力、对经济社会发展持续产生积极贡献的重要河段。

4. 南水北调

师：同学们，直到现在京杭大运河在沟通南北交通方面仍然发挥着巨大作用。规划中的南水北调东线工程将利用运河航道，实现调水任务，古老的运河又将焕发活力。（给学生解释南水北调东线已经通水）

（投影：播放南水北调工程宣传片）

师：同学们，南水北调工程是中国为解决北方地区水资源严重短缺而兴建的特大型基础设施项目，工程贯通长江、黄河、淮河、海河四大江河。因此，京杭大运河在南水北调工程中的作用不言而喻，它必将肩负重任。

5. 拓展延伸

（投影：播放今日通州运河文化产业带的开发以及未来设想的宣传片）

引导学生用语言或图画来描绘运河的未来、北京的未来、通州的未来。

（在学生介绍的同时，教师出示运河文化广场、温榆河公园等的风景照片）

六、教学效果

本课题分为两项内容，一是课堂上的知识探究，一是户外的研学活动。将历史与现代生活联系起来，剥离学生对传统文化和古代文明的陌生和疏离感。让学生们在实践中更全面、深入、立体地了解大运河，运河之水方能真正"流"进青少年心田。

经历完整的课程之后，同学们从地理、经济、文化交流、水利工程等多个角度，对于大运河的历史作用和发展价值，有了更进一步的了解，这对于学生多种学习兴趣培养、多元知识搜集能力等方面，具有积极的意义。

七、教学反思

当前的课程设计是知识探究部分与实践部分分两步走。学生在知识的获取渠道上，主要是靠书本和老师的讲述，从而形成自己的认知；而实践部分，则是充分地让学生到实地走一走，去印证知识、检验所学。这样分步走的课程设计，在一定程度上较为分裂，在后续的教研中，老师们会进行进一步课程优化。

参考文献

[1] 孔丘. 论语全集 [M]. 北京：海潮出版社，2007.

[2] 杨伯峻. 论语译注 [M]. 北京：中华书局，2017.

[3] 朱熹. 论语 大学 中庸 [M]. 上海：上海古籍出版社，2013.

[4] 杨伯峻. 孟子译注 [M]. 北京：中华书局，2015.

[5] 刘江虹等. 新六艺课程的构建与实施 [M]. 长沙：中南大学出版社，2007.

[6] 窦桂梅. 看图玩足球 [M]. 上海：华东师范大学出版社，2015.

[7] 刘中兴，许刚. 中华传统"六艺"的当代内涵与课程设计 [J]. 教师教育论坛，2016（7）：91-96.

[8] 传承发展中华优秀传统文化 增强文化自觉坚定文化自信 传统之美 浸润人心 [N/OL]. 人民日报，[2022-05-19]. https://baijiahao.baidu.com/s？id=173332176646224196168wfr=spider&for=pc.

[9] 推动中华优秀传统文化创造性转化创新性发展 [N/OL]. 环球时报，2021-11-25. https://baijiahao.bai du.com/s?id=1717389435222643267& wfr=spider&for=Pc.

[10] 许宪隆，张龙. 走近中国少数民族丛书·回族 [M]. 沈阳：辽宁民族出版社，2014.

[11] 于今. 走近中国少数民族丛书 满族 [M]. 沈阳：辽宁民族出版社，2014.

[12] 潘荣陛，富察敦崇，查慎行，等. 帝京岁时纪胜 燕京岁时记 人海记 京都风俗志 [M]. 北京：北京古籍出版社，2001.

[13] 郑玄. 周礼注疏 [M]. 上海：上海古籍出版社，2010.

[14] 胡平生，张萌. 礼记 [M]. 北京：中华书局，2017.

[15] 孙希旦. 礼记集解 [M]. 北京：中华书局，1989.

[16] 郑玄. 仪礼注疏 [M]. 上海：上海古籍出版社，2009.

[17] 王灿. 中国民族 [M]. 北京：五洲传播出版社，2012.

[18] 王毅外长就中国外交政策和对外关系答记者问 [N/OL]. 新华每日电讯，2018-03-09. http://www.xinhuanet.com/pplitics/20181h/2018-03/08/c_1122505624.htm.

[19] 王金林. 唐代的开放政策与日本奈良文化 [J]. 天津社会科学，1989（2）：76-82.

［20］刘婷．唐代王权礼仪对日本王权礼仪的影响［D］．西安：陕西师范大学，2011．

［21］顾涧清．"一带一路"为传承丝路精神注入新内涵［N］．广州日报，2014-05-05．

［22］张昇宾．高一政治必修2［M］．北京：人民教育出版社，2019．

［23］杨恋．古人的入学礼［N］．贵州政协报，2018-03-04．

［24］彭林．彭林说礼［M］．北京：清华大学出版社，2018．

［25］黄伟晶，黄桂秋．壮族民俗风情［M］．南宁：广西民族出版社，2017．

［26］胡平生，张萌．礼记［M］．北京：中华书局，2017．

［27］司马迁．史记［M］．北京：中华书局，2014．

［28］张廷玉．明史［M］．北京：中华书局，2015．

［29］刘安．淮南子［M］．上海：上海古籍出版社，2016．

［30］房玄龄．管子［M］．上海：上海古籍出版社，2015．

［31］高诱．吕氏春秋［M］．上海：上海古籍出版社，2014．

［32］张宏儒．资治通鉴［M］．北京：中华书局，2009．

［33］黄大同．六律六吕的单阳双阴交替十二律形态研究［J］．音乐研究，2011（3）:12．

［34］黄大同．沈括《梦溪笔谈》律论之研究［D］．上海：上海音乐学院，2006（6）：73-84，110-114．

［35］杨荫浏．中国古代音乐史稿［M］．北京：人民音乐出版社，2018．

［36］周吉．中国新疆维吾尔木卡姆音乐［M］．北京：中央音乐学院出版社，2008．

［37］杨晓．侗族大歌［M］．北京：文化艺术出版社，2012．

［38］吴鹏毅．侗族民俗风情［M］．桂林：广西民族出版社，2012．

［39］乔建中．“鲁艺”民歌采集运动与中华优秀传统文化传承［D］．西安：西安音乐学院，2018．

［40］国家体育总局射击射箭运动管理中心．射箭基础训练手册［M］．北京：北京体育大学出版社，2011．

［41］国家体育总局青少年体育司，国家体育总局射击射箭运动管理中心．中国青少年射箭训练教学大纲［M］．北京：北京体育大学出版社，2015．

［42］薛誉．先秦儒家视域下的射艺思想对现代竞技体育的启示［J］．山东体育科技，2014，36（4）：18-21．

［43］张旭，苗华，安江．中国传统"射艺"与"国学"［J］．西北大学学报（哲学社会科学版），2013，43（1）：138-141．

［44］李泽玉．现代国学教育在传统射艺课上的体现研究［J］．文摘版教育，2018，7（2）：42．

［45］王银婷.唐宋时期射箭运动研究［D］.苏州：苏州大学，2013.

［46］王兆春.中国古代兵器［M］.上海：商务印书馆，1996.

［47］李杰.航母解码［M］.北京：海潮出版社，2012.

［48］军情视点.陆军武器大百科［M］.北京：化学工业出版社，2017.

［49］军事科学院军事科学信息研究中心.国防科技发展报告（综合卷）［M］.北京：国防工业出版社，2018.

［50］中国航天系统科学与工程研究院.航天领域科技发展报告［M］.北京：国防工业出版社，2018.

［51］工业和信息化部电子第一研究所.军用电子元器件领域科技发展报告［M］.北京：国防工业出版社，2018.

［52］军事科学院军事科学信息研究中心.海战领域科技发展报告［M］.北京：国防工业出版社，2018.

［53］中国历史八年级下册［M］.北京：人民教育出版社，2017.

［54］汪毓和.中国近现代音乐史［M］.北京：人民音乐出版社，2002.

［55］胡小东.传统音乐的生存困境与发展困惑［J］.贵州民族大学学报（哲学社会科学版），2013（1）:152-155.

［56］乔建中.中国传统音乐［M］.上海：上海音乐学院出版社，2009.

［57］罗梅，陈丹.榕江侗族大歌·以歌养心 优雅延续［N］.贵州日报，2014-04-18.

［58］向靖.维吾尔族音乐在中小学音乐教育中的应用［J］.知识·力量，2018（11）.

［59］峪丛.走近莫言［M］.武汉：武汉出版社，2013.

［60］朱向前.莫言：诺奖的荣幸［M］.南昌：百花洲文艺出版社，2012.

［61］王兆军.书圣之道：王羲之传［M］.北京：作家出版社，2014.

［62］韩兆琦.史记精讲［M］.北京：中国青年出版社，2017.

［63］朱自清.听朱自清讲经典［M］.天津：天津人民出版社，2010.

［64］刘徽.古法今观——九章算术［M］.南京：江苏科学技术出版社，2016.

［65］程贞一，闻人军.周髀算经译注［M］.上海：上海古籍出版社，2012.

［66］郭蕊，金开诚.数学泰斗：祖冲之［M］.吉林：吉林文史出版社，2011.

［67］王诗宗.古代天文历法成就之八：祖冲之与新历法的诞生（科技史话）［N］.人民日报海外版，2001-11-02.

［68］陈美东.祖冲之的天文历法工作——纪念祖冲之逝世1500年［J］.自然辩证法通讯，2002（2）：68-73，96.

［69］张德民.祖冲之家族的天文历算研究及其贡献［J］.陕西师范大学学报（自然科学版），2002（4）：28-34.

［70］中华人民共和国教育部.义务教育课程方案（2022年版）［EB/OL］.［2022-04-08］.http://www.moe.gov.cn/srcsite/A26/s8001/202204/t20220420_619921.htm.

后 记

"六艺"一词最早见于《周礼》的《地官》篇，属周朝贵族教育体系，是官学要求学生掌握的六种基本才能。在《周礼·保氏》中曾这样记载："养国子以道，乃教之六艺：一曰五礼，二曰六乐，三曰五射，四曰五御（驭），五曰六书，六曰九数。"在中华文明数千年的发展史上，"六艺"传承绵延不绝，经久不衰。它不仅是中国传统文化的精髓之一，更是深入到社会生活时时处处的价值引导，它充分体现着国家和民族的基本价值观。无论是在古代还是在当下，人们的生活交际、社会的生产发展、经济的变革进步、知识的传承发扬，处处皆有它的身影。"六艺"所蕴含的精神文化影响了一代代的中华儿女。

《修之以永 丰之以艺——中华传统六艺创新性转化之理论与实践研究》一书，是我历经"十二五""十三五"教育科学规划课题的研究成果。课题虽然已经结束，但我的研究永远在路上。在学校教育中充分发挥中华优秀传统文化和社会主义先进文化正面的、积极的作用，引导学生树立正确的世界观、人生观和价值观，增强"四个自信"，努力成为德、智、体、美、劳全面发展的社会主义建设者和接班人，一直是永丰中心小学踔厉奋发新征程的目标。

"植根传统文化，薪火相传"作为理论篇的第一章，主要是结合典籍著作、理论研究、教育政策等，进行理论综述，从优秀传统文化传承与发展的时代背景和优秀传统文化对于小学生教育的意义与价值两个方面，论述传承与弘扬优秀传统文化，对于学校教育发展与革新、对于学生整体发展和终身成长的重要意义。"赓续文明精神，立德树人"作为理论篇的第二章，明确永丰中心小学将以学生的全面发展和教学理论研究为内容，展开"六艺"在教育理论层面的研究，针对古代六艺的起源与发展、传统六艺的内涵与教育内容、永丰新六艺的创新性转化等，进行详细的论述与分析。理论篇的第三章"探索创新，建构育人体系"，阐述的是永丰中心小学新六艺教育体系建设的主要内容，包括顶层文化建设、目标体系建设、课程体系建设、实施与评价建设等。实践篇的"养正毓德，培养时代新人"，以相关教学案例或特色活动的开展为内容，分享永丰中心小学新六艺课程在实践与创新性转化中的相关经验与成果。

我只是想让大家通过阅读本书，不仅可以了解中国古代传统六艺教育的历史传承和创新发展，还可以真实感受新时期"六艺传承与创新性转化"在学校教育中的实践路径与实施方法。或许，在不同的时代，"六艺"会有不同的表达方式，但在它的创新性转化和创造性发展中，须有中华儿女们矢志不渝的共同参与。希望通过本书的出版，为我国的基础教育、学校改革、课程研究等，提供可借鉴的方式方法。另外，本书反映的是北京市海淀区永丰中心小学二十余年来教育改革的探索成果，因受理论水平和实践能力的局限，书中还存在诸多不足和问题，希望读者朋友们在给予宽容谅解的同时，能够提出更多宝贵的意见。

最后，衷心地感谢海淀区教育科学研究院领导和老师们的大力支持与指导，感谢首都师范大学王海燕教授对学校工作的肯定，感谢多年来陪伴我一直行走在科研道路上的永丰中心小学的老师们！同时，也向首都师范大学出版社及其责任编辑的努力付出表示诚挚的谢意！

陆鸿平

2022 年 9 月 1 日